U0829730

金融学学习指导与习题集

主　编　张　丹　卢铁玲
副主编　张竞鸣　韩金晓　宋佳文

天津大学出版社
TIANJIN UNIVERSITY PRESS

图书在版编目(CIP)数据

金融学学习指导与习题集 / 张丹, 卢铁玲主编 ; 张竞鸣, 韩金晓, 宋佳文副主编. – 天津 : 天津大学出版社, 2024.6
ISBN 978-7-5618-7733-3

Ⅰ. ①金… Ⅱ. ①张… ②卢… ③张… ④韩… ⑤宋… Ⅲ. ①金融学－高等学校－教学参考资料 Ⅳ. ①F830

中国国家版本馆CIP数据核字(2024)第109669号

出版发行 天津大学出版社
地　　址 天津市卫津路92号天津大学内(邮编:300072)
电　　话 发行部:022-27403647
网　　址 www.tjupress.com.cn
印　　刷 廊坊市海涛印刷有限公司
经　　销 全国各地新华书店
开　　本 787mm×1092mm　1/16
印　　张 10.75
字　　数 269千
版　　次 2024年6月第1版
印　　次 2024年6月第1次
定　　价 39.00元

前　言

《金融学学习指导与习题集》以康书生、鲍静海主编的《货币银行学》教材为基础，并参考其他普通高等院校通用教材，按章编写，每章都包括四部分内容。第一部分是本章学习目标与重难点，对本章的学习目标进行全面规划。第二部分是本章思维导图与知识要点。本章思维导图对本章的知识脉络进行梳理，知识要点对本章重要知识内容进行提炼和总结。第三部分是练习题，主要包括名词解释、单选题、多选题、判断题、填空题、简答题、论述题、计算题及案例分析题等题型。每一类型的练习题都紧扣教材知识点，难易适中。第四部分是答案解析，给出每一道练习题的答案及解析，便于学生课下自学。

《金融学学习指导与习题集》的特点及适用范围如下。(1)本书以试题的形式提炼知识点，以答案的形式归纳、提升、扩展基本理论和技能。读者通过阅读本书可以轻松掌握金融学基本概念和基本理论，提高运用金融学理论和金融学方法分析、解决经济问题的能力。(2)本书内容力求做到紧扣教材、深入浅出、题型丰富、重点突出。本书针对每个小知识点都编写了大量的单选题、多选题和判断题，力求覆盖全部知识点，对于学生全面掌握知识点和参加各种考试帮助很大。对于复杂的理论问题，本书以简答题、计算题和论述题的形式进行阐述。(3)本书可以作为高校本科生和考研学生等学习金融学的配套教材，每类题型都配有参考答案，是自学、自测、巩固提高、加深理解基本理论和基本知识的必备读物。

本书是张丹老师和卢铁玲老师在多年讲授金融学课程的经验基础上组织编写的，韩金晓老师负责第一至第四章、宋佳文老师负责第五至第八章、张竞鸣老师负责第九至第十二章内容的编写、校对等工作。

编者

目　　录

第一章　货币与货币制度

第一部分　本章学习目标与重难点

一、本章学习目标

了解货币产生和发展的历史及其演变趋势;了解货币形态的演变;从货币的起源与发展理解货币的本质;重点掌握货币职能;了解货币制度的基本内容;重点掌握现行信用货币制度的内容与特点。

二、重难点

重点:货币的含义、职能;货币层次的划分;货币制度的构成要素。

难点:区分货币“质”和“量”规定性;货币制度的种类与演变。

第二部分　本章思维导图与知识要点

一、本章思维导图

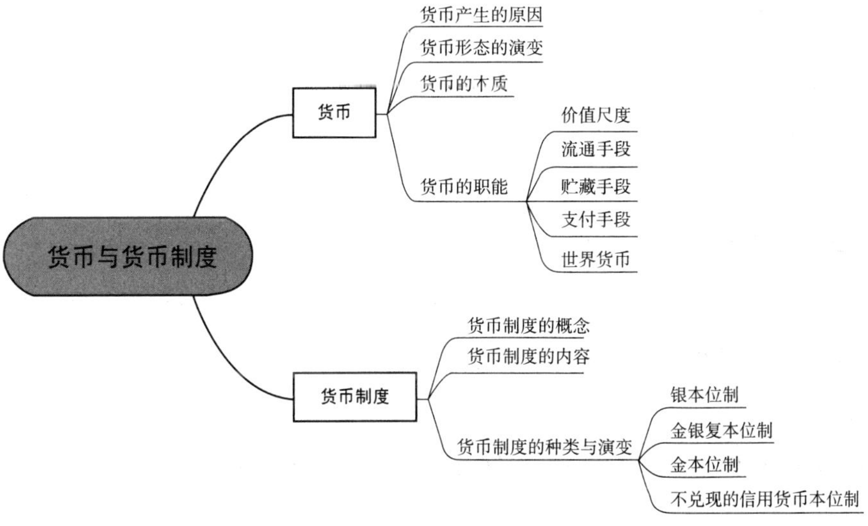

二、知识要点

(一)货币产生的原因(马克思的劳动价值理论)

(1)简单的、偶然的价值形式。

(2)扩大的价值形式。

(3)一般价值形式。

(4)货币价值形式。

结论:货币是商品交换发展的必然产物。

(二)货币形态的演变

1. 货币形态演变的原因

货币作为商品经济发展的产物,其形态也随着商品生产和商品交换的发展而不断发展变化。

2. 货币形态的演变

(1)实物货币。

(2)金属货币。

(3)纸质货币。

(4)信用货币。

(5)存款货币和电子货币。

(三)货币的本质(马克思的劳动价值理论)

货币是一般等价物(货币是衡量和表现一切商品价值的材料;货币具有和一切商品交换的能力),货币体现社会经济关系。

(四)货币的职能

(1)价值尺度。

(2)流通手段。

(3)贮藏手段。

(4)支付手段。

(5)世界货币。

(五)货币制度的概念

货币制度是一个国家或地区以法律形式确定的该国货币流通结构和组织形式。

(六)货币制度的内容

(1)规定币材。

(2)规定货币单位(一是规定货币名称;二是规定单位货币价值)。

（3）规定货币的种类及支付清偿能力。

①主币：即本位币，一国计价结算的合法的标准货币。

②辅币：解决商品流通中不足1个货币单位的小额货币支付问题。

③无限法偿：指不论支付数额有多大，不论属于何种性质的支付，对方都不能拒绝接受。

④有限法偿：指在一次支付中，若超过规定的数额，收款人有权拒收，但在法定限额内不能拒收。

⑤规定货币的铸造、发行与流通。

⑥规定货币发行准备制度。

（七）货币制度的种类与演变

1. 银本位制

（1）银本位制：以白银作为本位货币币材的货币制度。

（2）内容：以白银作为本位币币材；银币的名义价值和所含银的价值相等，属于足值货币；银币可以自由铸造；银币具有无限法偿的效力；银币可以自由输出输入。

（3）缺陷：银本位最大的缺陷是银价不稳定。白银开采技术的提高和产量的增加，导致白银价值下降。

2. 金银复本位制

（1）金银复本位制：法律规定黄金、白银同时作为本位币币材，同时流通的货币制度。

（2）复本位制的理论缺陷：货币具有独占性与排他性的本性，而两种材料同时作为币材与货币的本性相悖。

（3）三种形态。

①平行本位制。

②双本位制。

劣币驱逐良币，也称格雷欣法则（Gresham′s Law），是指在金属货币流通条件下，两种实际价值不同而法定比价不变的货币同时流通时，实际价值高的货币必然会被融化、收藏、输出而退出流通领域，而实际价值低的货币反而充斥市场。

③跛行本位制。

3. 金本位制

（1）金本位制：以黄金为币材，本位币与黄金保持一定比价关系的货币制度。

（2）三种形态。

①金币本位制。

②金块本位制。

③金汇兑本位制。

4. 不兑现的信用货币本位制

（1）不兑现的信用货币本位制：以政府或中央银行发行的信用纸币作为本位币的制度。

（2）内容：纸取代黄金作为本位币币材，纸币不规定含金量，不能兑换黄金；具有无限法偿能力;币值的确定与贵金属的价值无关,主要取决于货币当局对信用货币数量的管理。纸币由国家垄断发行,由中央银行和商业银行通过信用程序投入流通领域。

(3)缺陷:信用货币的流通导致新的社会问题,即通货膨胀与通货紧缩问题。

第三部分 练习题

一、名词解释

1. 信用货币 2. 无限法偿 3. 有限法偿 4. 平行本位制 5. 双本位制 6. 跛行本位制 7. 格雷欣法则 8. 货币制度 9. 金块本位制 10. 金汇兑本位制

二、单选题

1. 在其他因素不变的情况下,如果商品价格总额增加1倍,则流通中的货币需要量将会(　　)。

A. 增加2倍　　B. 增加1倍　　C. 减少1倍　　D. 不变

2. 一种商品的价值偶然地用另一种商品来表现的价值形式,称为(　　)。

A. 简单的价值形式　　B. 扩大的价值形式　　C. 一般等价形式　　D. 货币价值形式

3. 货币形态总的演进趋势是(　　)。

A. 实物货币—信用货币—金属货币—电子货币

B. 信用货币—电子货币—金属货币—实物货币

C. 金属货币—电子货币—信用货币—实物货币

D. 实物货币—金属货币—信用货币—电子货币

4. 货币的两大基本职能是(　　)。

A. 价值尺度和贮藏手段　　B. 流通手段和世界货币

C. 支付手段和世界货币　　D. 价值尺度和流通手段

5. 货币在执行(　　)职能时,最早孕育着经济危机的可能性。

A. 流通手段　　B. 价值尺度　　C. 支付手段　　D. 贮藏手段

6. 从历史发展过程看,世界各国的货币制度的演变过程大体是(　　)。

A. 银本位制—金本位制—金银复本位制—不兑现的信用货币制度

B. 金本位制—银本位制—金银复本位制—不兑现的信用货币制度

C. 金银复本位制—金本位制—银本位制—不兑现的信用货币制度

D. 银本位制—金银复本位制—金本位制—不兑现的信用货币制度

7. 金币可自由铸造,可自由输出,银行券可自由兑换金币,这是(　　)。

A. 金块本位制　　B. 金币本位制

C. 金汇兑本位制　　D. 美元－黄金本位制

8. 格雷欣法则这一现象一般发生在(　　)。

A. 银本位制　　B. 金本位制　　C. 双本位制　　D. 平行本位制

9. 一国计价结算的货币单位和基本通货是(　　)。

A. 法偿货币　　B. 本位币　　C. 现钞货币　　D. 存款货币

10. 金块本位制又称(　　)。

A. 生金本位制　　B. 金汇兑本位制　　C. 金币本位制　　D. 真金本位制

11. 商场为某件衣服贴上 100 元的价格标签,此时货币执行的职能是(　　)。

A. 价值尺度　　B. 流通手段　　C. 贮藏手段　　D. 世界货币

12. 在商业信用中货币执行的职能是(　　)。

A. 流通手段　　B. 支付手段　　C. 价值尺度　　D. 贮藏手段

13. 金汇兑本位制又称(　　)。

A. 富人本位制　　B. 虚金本位制　　C. 真金本位制　　D. 生金本位制

14. 辅币的名义价值(　　)其实际价值。

A. 高于　　B. 低于　　C. 等于　　D. 不确定

15. 如果金银的法定比价是 1∶13,而市场比价为 1∶15,这时充斥市场的将是(　　)。

A. 金币　　B. 银币　　C. 金币银币　　D. 都不是

三、多选题

1. 不具有内在价值的货币符号有(　　)。

A. 纸币　　B. 银行券　　C. 银行票据　　D. 商业票据

E. 金银铸币

2. 货币的职能有(　　)。

A. 价值尺度职能　　B. 流通手段职能　　C. 贮藏手段职能　　D. 支付手段职能

E. 世界货币职能

3. 商品价值的表现形式有(　　)。

A. 简单价值形式　　B. 扩大价值形式　　C. 一般价值形式　　D. 特殊价值形式

E. 货币形式

4. 货币制度的内容有(　　)。

A. 货币材料　　B. 货币单位

C. 货币职能　　D. 货币铸造、发行与流通

E. 发行准备制度

5. 金本位制具体包括(　　)。

A. 金币本位制　　B. 金块本位制　　C. 金条本位制　　D. 金锭本位制

E. 金汇兑本位制

6. 属于信用货币的是(　　)。

A. 不兑现银行券　B. 辅币　C. 支票存款　D. 金铸币

E. 银铸币

7. 现行发行港币的金融机构是(　　)。

A. 汇丰银行　B. 大西洋银行　C. 渣打银行　D. 中国人民银行

E. 中国银行

8. 现行发行澳门币的金融机构是(　　)。

A. 汇丰银行　B. 大西洋银行　C. 渣打银行　D. 中国人民银行

E. 中国银行

9. 货币的基本职能包括(　　)。

A. 价值尺度　B. 流通手段　C. 支付手段　D. 贮藏手段

E. 世界货币

10. 以下哪些是货币发挥支付手段职能的表现(　　)。

A. 缴纳税款　B. 发放工资　C. 购买商品　D. 捐赠善款

E. 偿还欠款

11. 以下可以自由铸造银币的货币制度有(　　)。

A. 银币本位制　B. 跛行本位制　C. 双本位制　D. 金汇兑本位制

E. 平行本位制

12. 按发展形态划分，货币形式主要有(　　)。

A. 实物货币　B. 贵金属货币　C. 信用货币　D. 铸币

E. 代用货币

13. 典型的银行券所具有的特征是(　　)。

A. 由银行发行的

B. 可以随时兑现

C. 定期的票据

D. 以一定的商业票据和黄金、白银作为发行保证的

E. 持有人无权要求兑现

14. 布雷顿森林体系建立了以(　　)为国际本位货币的国际货币体系。

A. 日元　B. 美元　C. 欧元　D. 黄金

15. 货币制度的内容包括(　　)。

A. 确定本位货币和辅币的材料　B. 确定本位货币的单位

C. 确定本国货币的发行准备和对外关系　D. 确定货币的价值

E. 确定不同种类的货币的铸造、发行和流通方法

16. 信用货币包括(　　)。

A. 实物货币　B. 金属货币　C. 纸币　D. 银行券

E. 存款货币　F. 电子货币

17. 货币发挥交易媒介功能的方式包括(　　)。

A. 价值尺度　B. 贮藏手段　C. 流通手段　D. 支付手段

E. 世界货币

18. 流通手段具有以下性质(　　)。

A. 计算衡量商品和劳务的价值　B. 增加了交换环节

C. 使买卖分离　D. 使商品的转移与货币的支付分离

19. 相对于银本位制,金银复本位制有如下(　　)优点。

A. 有利于金银币币值的稳定　B. 货币的发行准备更充分

C. 货币材料更为充足　D. 可节约金币的使用

E. 可根据不同交易数额选择使用黄金支付或白银支付,便于交易

20. 一国货币要成为世界货币,应满足如下条件(　　)。

A. 货币发行国的经济实力足够强大且国际贸易足够发达

B. 这种货币是自由兑换货币,并在国际市场上有比较大的需求量

C. 这种货币币值比较稳定,发行国愿意承担维护和调节该货币币值的相应义务

D. 在该国有国际性金融市场

21. 货币的支付手段职能(　　)。

A. 使商品交易双方的价值的相向运动有一个时间间隔

B. 加剧了商品流通过程中爆发危机的可能性

C. 使进入流通领域的商品增加时,流通所需的货币可能不会增加

D. 克服了现款交易对商品生产和流通的限制

E. 使商品买卖变成了两个独立的行为

22. 世界货币是指在世界范围内发挥(　　)的货币。

A. 价值尺度　B. 外汇储备　C. 支付手段　D. 贮藏手段

E. 流通手段

23. 关于狭义货币的正确表述是(　　)。

A. 包括现钞和银行活期存款　B. 包括现钞和准货币

C. 包括银行活期存款和准货币　D. 代表社会直接购买力

E. 代表社会潜在购买力

24. 在我国货币层次中,狭义货币量包括(　　)。

A. 银行活期存款　B. 企业单位定期存款

C. 居民储蓄存款　D. 其他存款

E. 现金　F. 证券公司的客户保证金存款

四、判断题

1. 货币在履行流通手段职能时,必须是现实的而且是足值的货币。　(　　)

2. 当货币作为价值的独立形态进行单方面转移时，履行流通手段职能。 ( )

3. 赊账买卖的商业信用就是货币支付手段产生的起源。 ( )

4. 现代经济中的信用货币是纸制的货币符号，不具有典型意义上的贮藏手段职能。 ( )

5. 货币在履行价值尺度职能时，只需观念上或想象中的货币就可以了。 ( )

6. 用哪种材料作为制作本位币的材料不是任意选定的，而是由货币当局的主观意志决定的。 ( )

7. 银行券产生于货币的支付手段职能，是代替金属货币履行支付手段和流通手段职能的银行证券，是银行发行的一种债务凭证。 ( )

8. 在当代经济社会中，银行券和纸币已基本成为同一个概念。 ( )

9. 双本位制并没有解决平行本位制所造成的价格混乱问题。 ( )

10. 在格雷欣法则中实际价值高于法定比价的货币是“劣币”。 ( )

11. 在金属货币流通条件下，不会产生通货膨胀。 ( )

12. 金块本位制下，金币可以自由铸造、自由熔化。 ( )

13. 金币本位制是最早也是最典型的金本位制。 ( )

14. 随着银行转账结算制度的不断完善和发展，存款货币的数量将越来越大，远远超过法偿货币的发行数量。 ( )

15. 在我国货币层次中，狭义货币 M1 的流动性大于广义货币 M2，M2 的统计口径大于 M1。 ( )

16. 信用货币发挥价值贮藏手段的职能可以提高储蓄的效率。 ( )

17. 信用货币自身没有价值，所以不是财富的组成部分。 ( )

18. 古代实物货币与现代信用货币在履行价值储藏手段的职能上没有区别。 ( )

19. 与金属货币相比较，现代信用货币不具有良好的贮藏手段职能。 ( )

20. 信用货币价值稳定的基础是中央银行提供给社会公众的信用。 ( )

21. 货币作为价值贮藏手段的最大优势在于它的收益性。 ( )

22. 我国货币的发行量决定于中央银行拥有的黄金外汇储备量。 ( )

23. 一定时期内货币流通速度与现金、存款货币的乘积就是货币存量。 ( )

24. 流动性越强的货币层次包括的货币的范围越大。 ( )

25. 根据劣币驱逐良币的规律，银币必然要取代金币。 ( )

26. 价值尺度和流通手段是货币的两个最基本的职能。 ( )

27. 货币作为交换手段不一定是现实的货币。 ( )

28. 被当作交换媒介的商品不一定就是货币。 ( )

29. 现金是货币，银行存款也是货币。 ( )

30. 从货币发展的历史看，最早的货币形式是铸币。 ( )

31. 货币的价值尺度职能，解决了在商品和劳务之间进行价值比较的难题。 ( )

五、填空题

1. 货币形态的历史演进，经历了（　　）、（　　）、（　　）和（　　）发展阶段，直到当前最现代化的存款货币和电子货币。

2. 货币的五大职能是（　　）、（　　）、（　　）、（　　）和（　　）。

3. 一定时期内流通中所需要的货币量与（　　）成反比，与（　　）成正比。

4. 现代不兑换信用货币主要是通过（　　）程序发行。

5. 金银复本位制下的劣币驱逐良币，也叫（　　）。

6.（　　）是国家权力进入货币流通领域的第一现象。

7. 当货币作为价值的独立形态进行单方面转移时，履行（　　）职能。

8. 纸币是国家依靠国家权力发行，强制进入流通领域的货币符号，它是在货币履行（　　）职能的基础上产生的。

9. 法律规定（　　）是中国的法定货币。

10. 格雷欣法则中，市场上流通的是实际价值（　　）法定比价的货币。

11. 在金属货币制度下，本位币的名义价值与实际价值（　　）。

12. 我国流通中的货币是由（　　）发行的人民币，人民币是纸制的信用货币，是货币的符号或代表，起一般等价物作用。

13. 为保持本位币地位，国家规定其具有无限的支付能力，称为（　　）。

14.（　　）是由足值货币向现代信用货币发展的一种中介性、过渡性的货币形态。

15. 金银复本位制条件下，按国家是否规定金、银币之间的交换比价，货币制度划分为（　　）、（　　）和（　　）三种。

16. 货币制度最基本的要素是（　　）。

六、简答题

1. 如何理解"金银天然不是货币，但货币天然是金银"？

2. 简述货币制度的构成要素。

3. 金属货币制度下，本位币的自由铸造有何意义？

4. 为什么说金银复本位制是一种不稳定的货币制度？

5. 为什么说金币本位制是一种相对稳定的货币制度？

6. 与金属货币制度相比，不兑现的信用货币制度主要特点是什么？

7. 简述我国货币制度的基本内容。

8. 简述货币的本质。

9. 简述货币作为支付手段具有的特征。

10. 简述信用货币取得世界货币职能的一般条件。

11. 简述银行券和现代信用货币的区别。

12. 简述货币制度的类型。

13. 简述金币本位制的特点。

14. 简述什么是劣币驱逐良币。

15. 简述本位币的特点。

第四部分　答案解析

一、名词解释

1. 信用货币：是以信用作为保证，通过一定信用程序发行、充当流通手段和支付手段的货币形态，是货币发展中的现代形态。

2. 无限法偿：是指无限的法定支付能力，不管是用本位币偿还债务还是其他性质的支付，也不管每次支付的本位币的数额大小，债权人和受款人都不得拒绝接受，否则视为违法。

3. 有限法偿：指每次支付辅币的数量不能超过规定的额度，否则债权人或受款人有权拒收。

4. 平行本位制：指金币和银币按照其所包含的实际价值流通和相互兑换的一种复本位制，即金币和银币按市场比价进行交换。

5. 双本位制：指国家依据市场金银的比价，为金币和银币规定固定的兑换比率。

6. 跛行本位制：指两种金属货币同为本位币，并有固定的兑换比率，但国家同时规定金币可以自由铸造，而银币不能自由铸造。

7. 格雷欣法则：又称劣币驱逐良币，是指当两种铸币在同一市场上流通时，实际价值高于法定价值的"良币"会被逐出流通领域，即被熔化或输出国外，导致实际价值低于法定价值的"劣币"充斥市场的现象。

8. 货币制度：又称币制或货币本位制，是指一个国家或地区以法律形式确定的货币流通结构及组织形式。

9. 金块本位制：又称生金本位制或富人本位制，是指在国内不铸造、不流通金币，只流通代表一定金量的银行券（或纸币），黄金集中存储于政府，银行券只能按一定条件向发行银行兑换金块的一种货币制度。

10. 金汇兑本位制：又称虚金本位制，是指国内不铸造和使用金币，只能同另一实行金币或金块本位制的国家的货币保持固定比价，本国货币（即银行券）只能兑换成外汇而不能兑换成黄金的制度。

二、单选题

1-5　B A D D A　　　6-10　D B C B A　　　11-15　A B B A B

三、多选题

1. ABCD	2. ABCDE	3. ABCE	4. ABDE	5. ABE
6. ABC	7. ACE	8. BE	9. AB	10. ABDE
11. ACE	12. ABCE	13. ABD	14. BD	15. ABCE
16. CEF	17. AC	18. ABC	19. BCE	20. ABCD
21. ABCD	22. ABCDE	23. AD	24. AE	

四、判断题

1-5 × × √√√	6-10 × √√ × ×	11-15 √ × √√√
16-20 √ × × √√	21-25 × × × × ×	26-30 √ × √√ ×
31 √		

五、填空题

1. 实物货币 金属货币 纸质货币 信用货币
2. 价值尺度 流通手段 支付手段 贮藏手段 世界货币
3. 货币流通速度 商品价格总额
4. 信用
5. 格雷欣法则
6. 铸币
7. 支付手段
8. 流通手段
9. 人民币
10. 低于
11. 相一致
12. 中国人民银行
13. 无限法偿
14. 代用货币
15. 平行本位制 双本位制 跛行本位制
16. 货币材料的确定

六、简答题

1. 货币的特征包括价值比较高、易于分割、易于保存、便于携带。而金银的自然属性包括同质性、可分性、便利性、永恒性。正是这些特点使得金银更适合充当一般等价物，更能促进商品交换范围的扩大和商品流通，于是其逐步排挤了实物货币而独占货币地位。正如马克思所说：“金银天然不是货币，但货币天然是金银。”

2. 货币制度又称“币制”或“货币本位制”，是指一个国家或地区以法律形式确定的该国货币流通结构和组织形式。

（1）货币材料的规定。

（2）货币名称、货币单位和价格标准。

3. 金属货币制度下，本位币的自由铸造具有十分重要的意义。首先，自由铸造可以使铸币的名义价值和实际价值保持一致。其次，本位币的自由铸造可以自发地调节货币流通量，使流通中的货币量与货币需求量基本保持一致。

4. 金银复本位制从具体运行过程来看可分为三种类型：平行本位制、双本位制和跛行本位制。

（1）在平行本位制下，金币与银币之间的交换比率完全由金银的市场价格决定。由于市场上金银比价频繁变动，金币与银币的兑换比率也不断变动，用金币与银币表示的商品价格自然也就随着金银比价的波动而波动，市场上的商品就出现了两种价格，这在一定程度上引起了价格的混乱，使得金币与银币都难以发挥好价值尺度职能。

（2）在双本位制下，当金银法定比价与市场比价不一致时，市场价值高于法定价值的“良币”就会被熔化或输出国外而退出流通领域；市场价值低于法定价值的“劣币”则会充斥市场，发生劣币驱逐良币现象。

（3）跛行本位制事实上也不是典型的复本位制，而是由复本位制向金本位制过渡时期的一种特殊的货币制度。

5.（1）金币可以自由铸造和自由熔化。金币的自由铸造和自由熔化能够自发调节流通中的货币量，使金币的币值与所含黄金的价值保持一致，保证金币的面值和实值相符，从而保证了币值的稳定。

（2）辅币和银行券等价值符号可以自由兑换为金币。从而保证货币价值的稳定，避免出现通货膨胀现象。

（3）黄金可以自由地输出与输入，使得货币的国内价值与国际价值保持一致，从而保证世界市场的统一和外汇汇率的相对稳定。所以说金币本位制是一种相对稳定的货币制度。

6.（1）纸币的发行不再受黄金准备的限制，并由国家垄断发行，国家赋予纸币无限法偿能力。

（2）作为信用货币的纸币是通过信用程序投入流通领域的，纸币的发行反映了国家对社会公众的负债。

（3）纸币流通制度实际上是一种管理货币制度。

（4）在这种货币制度下，银行存款与法偿货币都是流通中的货币，发挥相同的货币职能。

7.（1）人民币是中国大陆的唯一法定货币。

（2）人民币制度是一种不兑现的信用货币制度。

（3）人民币的发行实行高度集中统一管理。

（4）人民币的发行保证。

（5）人民币实行有管理的货币制度。

（6）人民币的可兑换性。

8. 货币是固定地充当一般等价物的特殊商品，并体现一定的社会生产关系。

（1）货币是一种商品，具有商品的共性，即都是用于交换的劳动产品，具有使用价值和价值。

（2）货币是一般等价物，具有两个基本特征。第一，货币是表现一切商品价值的材料。第二，货币具有直接同所有商品相交换的能力。

（3）货币体现一定的社会生产关系。

（4）货币作为财富的象征具有非常广泛的影响力和支配性。

9.（1）货币作为独立的价值形式进行单方面的转移，不论在赊销活动还是在其他支付活动中，都没有商品与之同时、同地相对运动。

（2）作为支付手段的货币必须是现实的，但可以由价值符号执行。

（3）货币危机性最大。这是因为，首先，支付手段可能形成债务锁链，从而导致货币流通和商品流通的不正常；其次，货币具有了相对独立的运动能力，在无发行信用保证时，可能引起货币的超量发行。

10.（1）货币发行国的经济实力足够强大且国际贸易足够发达。

（2）这种货币是自由兑换货币，并在国际市场上有比较大的需求量。

（3）这种货币币值比较稳定，发行国愿意承担维护和调节该货币币值的相应义务。

11. 在金属货币流通的条件下，银行券是一种黄金凭证，是商业银行票据贴现业务活动过程中投入市场的货币符号，需要规定其含金量。银行券的发行必须有黄金保证和信用保证，可兑换银行券的持有者可以在任何时候向发行者或指定商业银行兑换一定数量的黄金。信用货币是指不兑现的纸币，不规定含金量，也不可以兑换黄金的货币。现代信用货币和银行券同是货币符号，都能够履行货币的流通手段和支付手段的职能，但两者又是有区别的。

（1）两者产生的基础不同。现代信用货币产生于货币的流通手段职能，代表金属货币充当商品交换的媒介，是价值符号的完全形式；银行券产生于货币的支付手段职能，它产生的基础是信用关系。

（2）两者发行的主体不同。现代信用货币是由国家政府依靠国家权力强制发行并流通的，构成国家对公众的长期无须偿还的负债；典型的银行券是由商业银行通过商业票据的贴现而发行的，构成发行银行对公众的负债。

（3）两者对黄金的兑换不同。一般来说现代信用货币是不能兑换成黄金的，只能作为货币符号在市场上进行流通；典型的银行券发行银行能保证银行券随时兑换成金属货币。

（4）两者的价值表现不同。现代信用货币因为不能自由兑换成黄金，所以，当流通中的纸币数量和实际需要量不一致时，现代信用货币的名义价值和实际价值会不符，发行过多，会引起纸币贬值，物价上涨；银行券能随时兑换成金属货币，其名义价值和实际价值不会不符，一般也不会出现贬值现象。

12. 币材是货币制度的基础，根据币材不同，货币制度主要经历了金属货币本位制和信用货币本位制两个阶段。

金属货币本位制又可以分为三类典型的货币制度，即银本位制、金银复本位制和金本位制。

13.（1）金币可以自由铸造，同时，人们也可以自由地将金币熔化制成金块。

（2）价值符号（辅币和银行券）可以自由地按票面面额与等量的黄金相兑换。

（3）黄金可以自由地输出与输入。黄金的自由输出与输入，使黄金的国内价格与国外价格维持在同等水平。金币本位制的三个特点使这种货币制度成为历史上相对稳定的货币制度，对资本主义经济的发展曾起了很大的促进作用。

14. 劣币驱逐良币指货币价值高于实际价值的货币将实际价值高于货币价值的货币驱逐出货币流通领域的现象。银贱则银币充斥市场，金贱则金币充斥市场。比如金币和银币的法定比价为 1∶15，而金与银的市场比价由于银的开采成本下降，使得其比价为 1∶17，此时金币为“良币”，银币为“劣币”，人们就会将银币兑换为金币，将金币贮藏，最后使银币充斥市场，而金币则被驱逐出流通领域。如果相反，即银的价格上升而金的价格下降，人们就会将手中的金币兑换为银币，将银币贮藏，市场中就会充斥金币。最终的结果在流通中仍然只有一种货币真正在履行货币的职能。

15. 货币的铸造是指在金属货币制度下本位币和辅币的铸造。本位币又被称为主币，是一个国家法定的基本通货，其最小规格是一个货币单位。在金属货币制度下，本位币是按照国家规定的货币制度铸造而成的。

（1）本位币是足值货币。本位币是根据国家价格标准规定的单位货币含金量铸成的，即它的名义价值和实际价值相一致。

（2）本位币可以自由铸造和自由熔化。一方面，国家的每一个公民都可以把金属货币送到国家造币厂请求铸成本位币，其数量没有限制，并且不收或收取很少的费用；另一方面，国家允许公民把本位币熔化成金属条块。

（3）本位具有无限法偿的能力。本位币是国家的基本通货，国家赋予其无限的支付权利。

第二章　信用

第一部分　本章学习目标与重难点

一、本章学习目标

了解信用产生和发展的历史及其演变;重点掌握信用与货币的关系;正确理解现代信用与经济的关系;理解现代信用对经济的推动作用及其可能出现的泡沫经济问题;掌握现代各种信用形式及其特点、应用范围。

二、重难点

重点:信用的概念与特征、信用工具的基本特征、现代信用形式。
难点:信用与货币的关系。

第二部分　本章思维导图与知识要点

一、本章思维导图

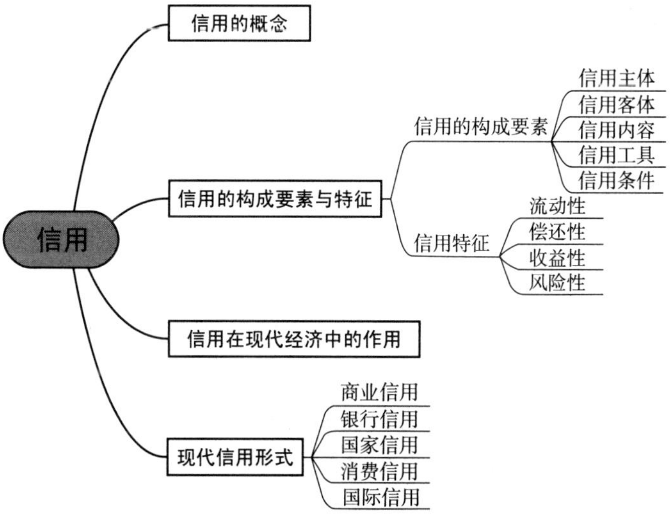

二、知识要点

(一)信用的概念

信用是一种体现特定经济关系的借贷行为,是以偿还和付息为特征的借贷行为。

(二)信用的构成要素与特征

1. 信用的构成要素

信用主体、信用客体、信用内容、信用工具、信用条件。

2. 信用工具的特征

①流动性:变现能力。

②偿还性:不同于捐赠,需要偿还。

③收益性:以利息的形式得到价值补偿,形成债权人的收益。

④风险性:债权人承担本金和利息不能收回,或不能全部收回的风险。

(三)信用在现代经济中的作用

信用的积极作用:现代信用扩大了投资规模、现代信用提高了消费总效用、现代信用节省流通费用和流通时间、现代信用促进了社会资金利润率的平均化。

信用对经济的消极影响:信用风险、经济泡沫。

(四)现代信用形式

(1)商业信用。

(2)银行信用。

(3)国家信用。

(4)消费信用。

(5)国际信用。

(五)商业信用的含义及特点

(1)商业信用:企业之间以赊销、预付货款等形式相互提供的信用,在社会信用体系中居基础地位。

(2)特点:直接信用;双方都是企业;提供资金是生产资金的一部分;往往和商品交易相联系。

(六)银行信用的含义及特点

(1)银行信用:以银行及其他金融机构为主体提供的信用,是在现代经济生活中占核心地位的信用形式。

(2)特点:间接信用;资金来源于社会各部门的暂时闲置资金;授信对象广泛,不受数额、期限、方向限制,可以满足存贷款人各种不同的需求。

第三部分 练习题

一、名词解释

1. 信用 2. 直接信用 3. 间接信用 4. 商业信用 5. 银行信用 6. 国家信用 7. 消费信用 8. 信用工具 9. 信用证 10. 国库券 11. 债券 12. 股票

二、单选题

1. 信用活动中货币发挥的职能是( )。
A. 贮藏手段 B. 支付手段 C. 流通手段 D. 价值尺度
2. 由债权人开出承诺到期付款的有价证券是( )。
A. 商业票据 B. 支票 C. 商业汇票 D. 商业期票
3. 一直在我国占主导地位的信用形式是( )。
A. 银行信用 B. 国家信用 C. 消费信用 D. 民间信用
4. 商业信用是企业之间由于( )而相互提供信用。
A. 生产联系 B. 产品调剂 C. 货物交换 D. 商品交易
5. 诸多信用形式中,最基本的信用形式是( )。
A. 国家信用 B. 商业信用 C. 消费信用 D. 银行信用
6. 信用的本质是( )。
A. 一个经济范畴 B. 价值运动的一种特殊形式
C. 价值单方面的运动 D. 一种债权债务关系
7. 商业信用最重要的特征在于( )。
A. 它是处于生产、流通过程中的信用
B. 商业信用的双方都是工商企业
C. 商业信用的动态与产业资本的动态不一致
D. 它与特定的资金交易紧密结合在一起
8. 通常情况下,安全性、流动性与收益性三者关系正确的是( )。
A. 证券的安全性与流动性正相关,与收益性负相关
B. 证券的安全性与流动性负相关,与收益性正相关
C. 证券的安全性与流动性正相关,与收益性正相关
D. 证券的安全性与流动性负相关,与收益性负相关
9. 一些具有较高社会效益,但经济效益较差,投资回收期较长的大型基建项目的资金往往只能通过( )解决。

A. 国家信用　B. 社会信用　C. 银行信用　D. 民间信用

10. 整个信用形式的基础是(　　)。

A. 商业信用　B. 银行信用　C. 国家信用　D. 消费信用

11. 消费信用是企业或银行向(　　)提供的信用。

A. 本国政府　B. 社会团体　C. 消费者　D. 工商企业

12. 信用的基本特征是(　　)。

A. 平等的价值交换　B. 无条件的价值单方面让渡

C. 以偿还为条件的价值单方面转移　D. 无偿的赠予或援助

13. 借贷资本家贷出货币资本时让渡的权利是指(　　)。

A. 资本的所有权　B. 资本的使用权

C. 资本的所有权和使用权　D. 既无所有权也无使用权

14. 为了取得利息而贷放给职能资本家使用的资本(　　)。

A. 产业资本　B. 借贷资本　C. 货币资本　D. 商业资本

15. 国家信用的主要形式是(　　)。

A. 发行政府债券　B. 短期借款　C. 长期借款　D. 自愿捐助

16. 信用是(　　)。

A. 买卖行为　B. 赠予行为

C. 救济行为　D. 各种借贷关系的总和

17. 现代经济中最基本的占主导地位的信用形式是(　　)。

A. 国家信用　B. 商业信用　C. 银行信用　D. 国际信用

18. 高利贷是一种以(　　)为条件的借贷活动。

A. 价值转移　B. 高利借债和偿还　C. 价值特殊运动　D. 支付利息

三、多选题

1. 金融作为一个经济范畴,其内涵的理解有(　　)。

A. 金融是货币形式的运动,其基本载体是货币

B. 金融是一种重要的信用关系,金融活动就是信用活动

C. 金融关系是一种价值关系

D. 金融关系具有极强的动态性

E. 信用是金融的基础

2. 以信用发放主体为标准划分,可将信用分为(　　)。

A. 商业信用　B. 银行信用　C. 政府信用　D. 国际投资信用

E. 个人信用或民间信用

3. 银行信用相对商业信用而言,其重要的特点有(　　)。

A. 银行信用是以银行为中介开展活动的信用形式

B. 银行信用相对商业信用而言，具有更大的灵活性

C. 银行信用具有广泛的接受性

D. 在产业周期的各个阶段上，银行信用的动态与商业信用的动态是一致的

E. 在产业周期的各个阶段上，银行信用的动态与商业信用的动态是不一致的

4. 下列属于直接证券的有(　　)。

A. 股票　　B. 企业债券　　C. 政府债券　　D. 可转让大额存单

E. 人寿保险单

5. 融资工具一般具有以下基本特征(　　)。

A. 偿还期　　B. 流动性　　C. 安全性　　D. 收益性

E. 债务性

6. 在商业信用中采用的商业票据有(　　)。

A. 支票　　B. 传票　　C. 期票　　D. 汇票

7. 消费信贷的基本类型有(　　)。

A. 银行信用　　B. 合作信用　　C. 商业信用　　D. 国家信用

8. 在典型的商业信用中实际包括两个同时发生的经济行为，即(　　)。

A. 买卖行为　　B. 借贷行为　　C. 分配行为　　D. 生产行为

9. 与公司、企业的经营活动直接联系的信用形式有(　　)。

A. 消费信用　　B. 商业信用　　C. 国家信用　　D. 银行信用

10. 属借贷范围的基本信用形式有(　　)。

A. 信托信用　　B. 银行信用　　C. 商业信用　　D. 国家信用

11. 信用工具具有以下(　　)特征。

A. 变现力　　B. 本金的安全性　　C. 收益率　　D. 偿还期

12. 下列属于直接金融工具的是(　　)。

A. 商业承兑汇票　　B. 大额可转让定期存单

C. 银行债券　　D. 企业债券

13. 国家信用与其他信用的联系和区别在于(　　)。

A. 可供信用动用分配的闲置资源在一定条件下，它们在量上呈现此增彼减的关系

B. 国家信用的利息由纳税人承担，其他信用的利息由借款人承担

C. 与其他信用相比，国家信用的信誉最高

D. 公债券期限一般都较长，具有资金使用的稳定性

E. 公债利息和其他利息一样，都可以成为财政的收入

14. 国家信用的基本特点有(　　)。

A. 以国家政府作为债权人　　B. 根据借贷原则有偿进行

C. 根据借贷原则强制进行　　D. 国家信用的利息由纳税人承担

E. 国家信用与银行信用成为社会的两种主要信用形式

15. 信用是有条件的借贷行为，其条件是(　　)。

A. 到期偿还　　B. 支付利息　　C. 出具担保　　D. 信用委托

E. 本金与利息一次性支付

16. 信用的基本要素包括(　　)。

A. 债权债务关系　　B. 时间间隔　　C. 商品交易　　D. 信用工具

E. 格式合同

17. 关于信用对现代经济作用的理解中正确的是(　　)。

A. 信用保证现代化大生产的顺利进行　　B. 信用实现社会资源的合理配置

C. 信用可加速资金周转　　D. 信用为股份公司建立发展创造了条件

E. 信用可能使生产和需求脱节,导致经济危机

18. 商业信用是现代信用的基本形式,它是指(　　)。

A. 工商企业之间存在的信用

B. 以商品的形式提供的信用

C. 是买卖行为和借贷行为一定同时发生的信用

D. 是商品买卖双方可以相互提供的信用

E. 其规模取决于产业资本规模的信用

19. 银行信用与商业信用的关系表现(　　)。

A. 商业信用是银行信用产生的基础

B. 银行信用推动商业信用的完善

C. 两者相互促进

D. 银行信用大大超过商业信用,可以取代商业信用

20. 商业信用的特点是(　　)。

A. 其债权和债务人都是职能资本

B. 借贷的对象是商业资本

C. 信用的规模依存于生产和流通的规模

D. 规模巨大,方向不受限制

21. 国家信用的主要形式有(　　)。

A. 发行国家公债　　B. 发行国库券　　C. 征收税　　D. 银行透支或借款

四、判断题

1. 直接融资是指以金融机构为中介而进行的融资。(　　)

2. 某企业将自己的产品赊销给消费者,则该企业与消费者之间产生了商业信用关系。(　　)

3. 借贷资本本质上是一种生息资本。(　　)

4. 银行信用是当代各国最基本的信用形式。(　　)

5. 商业本票是指由出票人(赊购单位)签发,承诺自己在见票时或指定日期无条件地支

付一定金额给收款人或持票人的票据,也称为期票。 ( )

6. 商业汇票是由出票人委托付款人于指定的日期无条件支付一定金额给持票人的票据。 ( )

7. 银行本票是指申请人将款项交给银行,是银行签发的承诺在见票时无条件支付票据金额给收款人或持票人的票据。 ( )

8. 银行支票是出票人签发的委托办理支票存款业务的银行或其他金融机构在见票时无条件支付确定的金额给收款人或持票人的票据。 ( )

9. 政府公债的特点是信誉高、安全性好、流动性高。 ( )

10. 优先股是相对普通股而言的,是指股东有优先于普通股分红和优先于普通股的资产求偿权利的股票。 ( )

11. 开放型基金是指基金管理公司在设立基金时,发行基金单位总额不定,可视实际需要连续发行,投资者可随时购买基金单位。 ( )

五、填空题

1. 经济学中的信用是指( )。

2.( )是信用最基本的特征。

3.( )的出现是信用产生的前提条件。

4. 信用关系的建立必须具备一定的要素,包括( )、( )、( )、( )。

5.( )主要特征是借款者自己直接发行债务凭证给贷者,从而获得自己所需资金,借贷双方形成直接的债权债务关系。

6.( )是指借者与贷者通过金融中介机构进行的借贷活动。

7. 现代信用形式中,最基本的形式主要有四种,即( )、银行信用、国家信用以及( )。

8.( )是银行等金融机构通过吸收存款、发放贷款方式,以货币形态对企业提供的信用。

9. 国家信用主要指( )。

10.( )是指企业或金融机构以商品、货币或劳务向消费者个人提供的信用。

11. 信用工具具有四个方面的特性,即( )、( )、风险性和收益性。

12. 信用工具的流动性是指( )。

13.( )是信用工具票面收益与票面面额之比。

14.( )是信用工具持有者获得的实际收益与购入证券的价格之比。

15. 短期信用工具是指偿还期在( )的信用工具;长期信用工具是指其偿还期在( )的信用工具。

16.( )是一种承诺式信用凭证,即发票人承诺在一定时间、地点、支付一定款项给持票人的合法凭证。

17.(　　)是一种命令式或委托式信用凭证,即由发票人命令或委托其付款人在一定时间、地点、支付一定款项给持票人的合法凭证。

18.(　　)是财政部为平衡财政收支,筹集预算急需资金而发行的借款凭证。

19. 信用的最基本特征是(　　)性。

20.(　　)是高利贷最明显的特征。

21. 国际信用大体可分为(　　)和(　　)两类方式。

22. 直接融资活动中的核心是(　　)。

六、简答题

1. 如何理解现代经济是信用经济?
2. 商业信用的特点及局限性。
3. 银行信用的特点。
4. 信用有哪些主要形式?如何理解银行信用同商业信用之间的关系?
5. 信用工具有何特性?它们之间有何关系?
6. 股票与债券有何区别?
7. 国家信用的作用有哪些?

七、论述题

1. 什么是信用?它是怎样产生和发展的?
2. 比较商业信用与银行信用的特点,二者间有怎样的联系?

第四部分　答案解析

一、名词解释

1. 信用:以偿还和付息为条件的价值运动的特殊形式。

2. 直接信用:是借者与贷者之间直接进行的借贷活动。其主要特征是借款者自己直接发行债务凭证给贷者,从而获得自己所需资金,借贷双方形成直接的债权债务关系。

3. 间接信用:是指借者与贷者通过金融中介机构进行的借贷活动。金融中介机构(如商业银行、储蓄银行、投资银行等)发行各种信用凭证给贷者,获得货币后,再以贷款或投资等方式购入借者所发行的信用凭证,来调剂借贷双方的资金余缺。

4. 商业信用:是工商企业以赊销方式对购买商品的工商企业以商品形态提供的信用。

5. 银行信用:是银行等金融机构以货币形式向其他经济个体(企业、单位、个人)提供的信用。

6. 国家信用:又称政府信用或财政信用,泛指以国家(或政府)为主体的借贷行为。

7. 消费信用:是指企业或金融机构以商品、货币或劳务向消费者个人提供的信用。

8. 信用工具:又称金融工具,它是证明债权或所有权的合法凭证,是货币资金或金融资产借以转让的工具。

9. 信用证:是由银行(开证行)根据付款方(申请人)的要求向收款方(受益人)开立的一定金额、一定期限并根据一定条件进行付款的一种凭证(保证书)。

10. 国库券:是财政部为平衡财政收支,筹集预算急需资金而发行的借款凭证,主要用于调节国库预算收支差额。

11. 债券:是投资者向政府、公司或金融机构提供资金的债权债务合同,该合同载明发行者在指定日期支付利息并在到期日偿还本金的承诺。

12. 股票:是指股份公司发给股东作为入股凭证,并借以取得股息收益的一种有价证券。

二、单选题

1-5　B C A D B　　6-10　D B A A A　　11-15　C C B B A

16-18　D C B

三、多选题

1. ACDE	2. ABCDE	3. ABCE	4. ABC	5. ABCD
6. ACD	7. AC	8. AB	9. ABD	10 .BCD
11. ABCD	12. ABC	13. ABCD	14. BD	15. ACD
16. ABD	17. ABCDE	18. ABCD	19. ABC	20. ABCD
21. AB				

四、判断题

1-5　× × √ √ √　　6-10　√ √ √ √ √　　11　×

五、填空题

1. 以偿还和付息为条件的价值运动的特殊形式

2. 偿还和付息

3. 私有制

4. 信用主体　信用工具　时间间隔　利率

5. 直接信用
6. 间接信用
7. 商业信用 消费信用
8. 银行信用
9. 以国家(或政府)为主体的借贷行为
10. 消费信用
11. 偿还性 流动性
12. 信用工具在无损状态下迅速转变为现金的能力
13. 名义收益率
14. 实际收益率
15.1 年以下(包括 1 年) 1 年以上
16. 本票
17. 汇票
18. 国库券
19. 偿还
20. 极高的利率
21. 国外商业性借贷 国外直接投资
22. 证券公司

六、简答题

1.(1)从现代市场经济运作的特点来分析,以负债经营为主,具有明显的扩张性;债权债务关系是最主要和最普遍的经济关系,信用货币是最基本的货币形式。

(2)从信用关系中的各部门来分析,在商品经济高度发达的国家,信用关系已成为一个无时不有、无处不在的基本要素,不仅企业单位之间普遍形成信用关系,而且家庭个人生活也离不开信用。

(3)从信用对现代市场经济的作用来分析,信用通过其分配闲置资金,创造信用流通工具等职能,实现社会资源的合理配置,保证社会经济正常运行。因此,现代经济离不开信用,离开了信用,整个经济运行就会出现障碍。

2.(1)商业信用的特点。

商业信用直接以商品形态提供信用,但这种商品不同于普通的商品,而是处于产业资本循环过程最后一个阶段上的商品资本,它还有待于转化为货币资本。

商业信用的债权人和债务人都是工商企业,商业信用是工商企业之间相互提供的信用。

商业信用属于直接信用,能及时解决企业的资金困难,是工商企业优先采用的信用形式。

在产业周期各阶段上,商业信用的规模变化与产业资本的动态是一致的。

(2)商业信用的局限性。

商业信用的范围有限。商业信用仅限于相互了解、相互信任的企业之间,若得不到对方的信任,则商业信用不成立。

商业信用的规模有限。商业信用以商品形态提供信用,且该商品是社会再生产过程中的商品资本。因而,商业信用的规模受工商企业所拥有的商品资本量的限制。

商业信用的授信方向有限。商业信用的标的物是各种各样的商品,各种商品都具有其特殊的使用价值,只能满足人们某一方面的需要。

商业信用的期限有限。工商企业之间以商品形态提供的信用一般情况下期限都不太长,属于短期信用。

3.(1)银行信用具有广泛的可接受性。

(2)银行信用可提供全面的信用服务。

(3)银行信用具有广泛的兼容性(其他信用可包括其中)。

(4)银行信用具有可控性。

4. 信用主要形式有:商业信用、银行信用、国家信用、消费信用、国际信用。

银行信用与商业信用的关系:

(1)银行信用是在商业信用广泛发展的基础上产生发展起来的;

(2)银行信用的出现使商业信用进一步得到发展;

(3)银行信用与商业信用是并存关系而非取代关系。

5.(1)偿还性。偿还性是指信用工具一般都有偿还的期限,借贷标的物都有到期偿还的要求。偿还期是指从信用关系产生到债务人全部归还本金所经历的时间。

(2)流动性。流动性是指信用工具在不受或少受损失的条件下迅速变现的能力。不同的信用工具有着不同的流动性。

(3)风险性。风险性是指信用工具的购买者能否到期如数收回本金的可能性。信用工具的风险主要有信用风险和市场风险两种。

(4)收益性。收益性是指信用工具在归还本金的同时,具有价值增值的要求。信用工具的收益水平是通过其收益率来反映的。收益率是指信用工具在一定时期内的净收益与本金的比率,它与信用工具的价格呈反方向变动,与市场利率呈同方向变动。

它们之间既相互联系、相互统一,又相互矛盾。一般来说,信用工具的流动性与偿还期成反比,即期限越短,其流动性越强;期限越长,其流动性越弱。

另外,发行者的资信情况对信用工具的流动性也会产生重要的影响,发行者的资信等级越高,其流动性越强;反之,其流动性越弱。

6. 股票和债券是资本市场上筹措中长期资金的主要信用工具,都是属于直接融资的范畴,并且都可以在金融市场上出售转让;股票和债券对持有者来说,都是一种虚拟资本,它们都是以资本所有权证书的形式存在的,而其本身并没有内在的实际价值,两者具有共同的联系。但是股票和债券在性质、持有者的收益和偿还等方面却有着明显的区别,主要表现在以下几个方面。

(1)两者的性质不同。股票是所有权凭证,证明股东对公司所有权的比重,股东也有参与公司经营管理的权利和机会。债券是一种债务凭证,表示在一定时期的债权和债务关系,持有者只有到期要求还本付息的权利,而没有参与公司经营管理的权利。

(2)两者本金返还不同。股票是不归还本金的永久性有价证券,除非当公司破产清理或因故解散时,按其实际资产的价值,进行部分分配。债券除了永久性债券外都有偿还期,具有还本的要求,并要按规定支付利息。

(3)两者收益水平不同。一般来说,股票的股息和红利是不固定的(除优先股外),完全取决于公司经营状况和公司的实际盈利水平。债券是按事先确定的利率支付利息,具有相对比较稳定的收益,并且与公司经营状况和公司的实际盈利水平无关。

(4)两者所承担风险不同。债券的风险主要是市场风险和信用风险,而股票的风险除了债券要承担的风险以外,还需要承担公司的经营风险和证券市场价格波动等风险,即使公司破产,也要先偿还债券,后分配股票资产。毫无疑问,股票的风险要比债券的风险大得多。

7.(1)国家信用是国家弥补财政赤字的主要途径。

(2)国家信用是国家筹措建设资金、优化资源配置的重要手段。

(3)国家信用是调节货币流通,促进货币供求平衡的有效杠杆。国家可以利用信用的经济功能,来合理地调节市场货币流通量。

七、论述题

1. 信用是以偿还和付息为条件的借贷行为。信用作为一种借贷行为,表示的是债权人(贷方)和债务人(借方)之间发生的债权债务关系,贷方把一定数量的货币或商品贷给借方,借方可以在一定时期内使用这些货币或商品,到期必须偿还,并按约定支付一定的利息。

从历史上看,人类最早的信用活动起始于原始社会末期。那时,由于社会生产力的发展,原始社会出现了两次社会大分工:畜牧业与原始农业的分工;手工业与农业的分工。这两次社会大分工,使劳动生产率有了显著提高,出现了剩余的劳动产品,从而使交换日益频繁。

社会分工的发展和商品交换的扩大,加速了原始社会公有制的瓦解和私有制的产生。私有制的出现,造成了财富占有的不均和分化,从而出现了贫富差别。因贫穷而缺少生产资料和生活资料的家庭,为了维持生活和继续从事生产,不得不告贷于富裕家庭,通过借贷调剂余缺,信用就随之产生了。

最早出现的信用活动是实物借贷,即贷方把一定的实物贷给借方,借方到期以实物形式归还本金,并以实物形式支付利息。在农村的"春借一斗秋还三斗",就是形容当时粮食借贷的情形。在商品货币关系还不普及、自然经济占主导地位的前资本主义社会,实物借贷是一种很普遍的借贷方式。但是实物借贷不可避免地会遇到物物交换时所遇到的重重困难,而使信用关系难以广泛的发展。

随着生产力的发展,产品种类越来越多,人们的需求也扩大了,实物借贷已不能满足人们的需求。货币的产生与发展克服了物物交换的困难，并逐渐在信用领域成为主要的借贷工具。货币借贷就是贷方把一定金额的货币贷给借方，借方到期用货币归还本金，并用货币支付利息。货币借贷与实物借贷相比，更能灵活地满足借贷双方的要求，克服实物借贷条件下借贷双方对于对方的严格条件限制，从而扩大借贷的范围和数量。所以，当资本主义生产关系确立并渗透到城乡经济生活的各个角落，商品货币关系在经济生活中无处不在的时候，货币借贷就取代了实物借贷，成为经济生活中的主要借贷形式。

2. 与公司、企业的经营活动直接联系的信用有两种：商业信用和银行信用。

（1）商业信用。典型的商业信用是工商企业以赊销方式对购买商品的工商企业所提供的信用。不仅在各国国内交易中广泛存在，并且也广泛存在于国际贸易之中，对于推动商品交易和经济增长有着重要意义。在典型的商业信用中，实际包括两个同时发生的经济行为：买卖行为和借贷行为。就买卖行为来说，在发生商业信用之际就已完结，即该产品从工厂所有变成商店所有，与通常现款买卖一样，而在此之后，它们之间只存在一定货币金额的债权债务关系。商业信用有其严格的方向性。一般地说，是上游产品企业向下游产品企业提供信用，是工业向商业提供信用。因而有些企业很难在这种形式下取得必要的信用支持。商业信用的局限性也决定了票据流通的局限性，它只能在彼此有经常往来而且相互了解的工商企业之间流通。此外，每张票据的金额不同，支付期限也不同，用其支付不是很方便。

（2）银行信用。具备如下两个特点的信用是银行信用：以金融机构作为媒介，这里所说的金融机构主要是指银行，同时也包括经营类似银行业务的其他非银行的金融机构；借贷的对象是处于货币形态的资本。

（3）商业信用与银行信用的联系。由于借贷作为一般购买手段和支付手段的货币而且由金融机构做中介，所以商业信用的局限性，在银行信用这种形式里是不存在的。比如，商业信用只能是上游企业贷给下游企业，而在银行信用中，下游企业多余的货币资金也可以贷给上游企业。又如，商业信用的成立需要借者和贷者在借贷规模上取得一致，在银行信用形式下，小额的可贷货币可以满足对大额货币资本的借入需求，大额的可贷货币资本也很容易分散满足较小数额的货币借入需求。通常所剖析的信用的灵活调节功能可以使货币资金得到充分的利用，主要是以银行信用形式作为典型来论证的。

在市场经济中，商业信用的发展日益依赖银行信用。假如没有银行信用存在，一个企业是否提供商业信用，必然要考虑在没有贷款收入的情况下自己的企业能否继续周转；有了银行信用，则会考虑可否依据延期付款的承诺从银行取得贷款，如果可能，商业信用即可提供。事实上，商业票据贴现和抵押贷款，就是银行发展过程中首先扩展的主要业务。

第三章　利率

第一部分　本章学习目标与重难点

一、本章学习目标

掌握利息、利率的含义、产生；掌握利率的种类与各种计算方法；理解利率的作用；了解决定和影响利率的因素。

二、重难点

重点：利率的计算方法、利率的作用。
难点：利率的计算方法、决定和影响利率的因素。

第二部分　本章思维导图与知识要点

一、本章思维导图

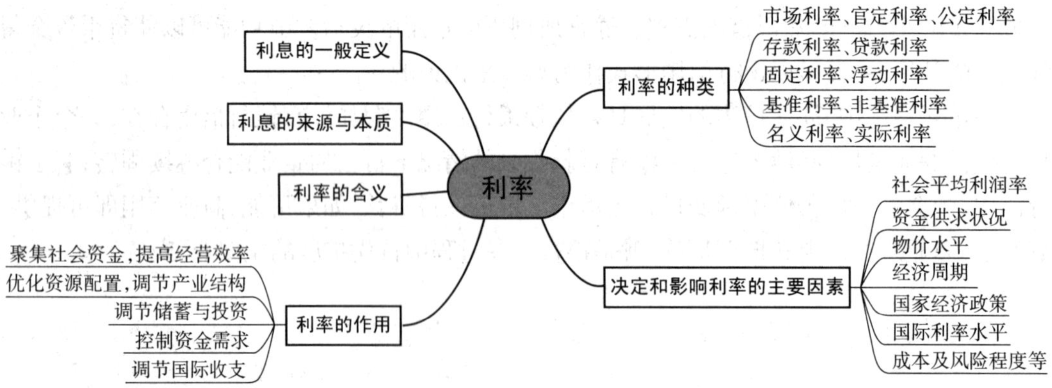

二、知识要点

（一）利息的一般定义

利息是指借贷活动中借款人付给贷款人的那部分超过本金的余额，也可以说是货币资金所有者凭借所有权向货币资金使用者索取的报酬。

（二）利息的来源与本质

马克思从对借贷资本的特殊运动形式分析入手，剖析了利息的来源与本质，认为利息是剩余价值的特殊表现形式，是利润的一部分。利息在不同经济制度下体现不同的经济关系。利息是财富的分配形式，是借贷资本的增值。

（三）利率的含义

利率是一定时期利息额与借贷资本额之比。

（四）利率的种类

（1）市场利率、官定利率、公定利率。

（2）存款利率、贷款利率。

（3）固定利率、浮动利率。

（4）基准利率、非基准利率。

（5）名义利率、实际利率。

（五）决定和影响利率的主要因素

（1）社会平均利润率。

（2）资金供求状况。

（3）物价水平。

（4）经济周期。

（5）国家经济政策。

（6）国际利率水平。

（7）成本及风险程度等。

（六）利率的作用

（1）聚集社会资金，提高经营效率。

（2）优化资源配置，调节产业结构。

（3）调节储蓄与投资。

（4）控制资金需求。

（5）调节国际收支。

第三部分 练习题

一、名词解释

1. 利息 2. 利率 3. 名义利率 4. 实际利率 5. 市场利率 6. 官定利率 7. 利率体系 8. 现值 9. 终值 10. 固定利率 11. 货币时间价值 12. 到期收益率 13. 收益资本化 14. 利率的期限结构

二、单选题

1. 在众多利率中,起决定作用的利率是( )。
A. 实际利率 B. 浮动利率 C. 日利率 D. 基准利率
2. 西方国家的基准利率是( )。
A. 再贷款利率 B. 再贴现利率
C. 伦敦同业拆借市场利率 D. 国库券利率
3. 我国居民储蓄利率是( )。
A. 官定利率 B. 浮动利率 C. 市场利率 D. 优惠利率
4. 年息 5 厘,是指年利率为( )。
A. 5% B. 50% C. 0.5% D. 0.05%
5. 目前在我国,哪一个利率是市场利率( )。
A. 居民储蓄存款利率 B. 贷款利率
C. 同业拆借利率 D. 活期存款利率
6. 马克思经济学认为利息是( )。
A. 劳动者创造的 B. 来源于地租
C. 放弃货币流动性的补偿 D. 放弃货币使用权的报酬
7. 衡量利率最精确的指标通常是( )。
A. 存款利率 B. 贷款利率 C. 到期收益率 D. 基准利率
8. 名义利率适应通货膨胀的变化而变化应( )。
A. 同向,同步 B. 同向,不同步 C. 不同向,但同步 D. 不同向,不同步
9. 随市场供求变化而自由变动的利率就是( )。
A. 固定利率 B. 浮动利率 C. 市场利率 D. 名义利率
10. 当经济处于“流动性陷阱”时,扩大货币供给对利率水平的影响是( )。
A. 利率上升 B. 利率不变
C. 利率下降 D. 利率先上升后下降

11. 在可贷资金理论中，若政府赤字通过发行债券弥补，赤字增加意味着(　　)。

A. 利率上升　　B. 利率下降　　C. 利率不变　　D. 利率难以确定

12. 凯恩斯认为利率是由(　　)所决定的。

A. 资本供求　　B. 借贷资金供求　　C. 利润的平均水平　　D. 货币供求

13. 利息是(　　)的价格。

A. 货币资本　　B. 借贷资本　　C. 外来资本　　D. 银行贷款

14. 我国习惯上将年息、月息、日息都以“厘”为单位，但实际含义却不同，若年息 6 厘，月息 4 厘，日息 2 厘，则分别是指(　　)。

A. 年利率为 6%，月利率为 4%，日利率为 2%

B. 年利率为 6‰，月利率为 4‰，日利率为 2‰

C. 年利率为 6‰，月利率为 4‰，日利率为 2‰

D. 年利率为 6%，月利率为 4‰，日利率为 0.2‰

15. 金融市场上具有普遍参照作用的利率是(　　)。

A. 基准利率　　B. 差别利率　　C. 实际利率　　D. 公定利率

16. 在整个金融市场和整个利率体系中处于关键地位，起决定作用的利率指的是(　　)。

A. 平均利率　　B. 基准利率　　C. 市场利率　　D. 官定利率

17. 西方国家一般以(　　)为基准利率。

A. 长期利率　　B. 浮动利率

C. 中央银行的再贴现利率　　D. 中央银行的再贷款利率

18. 凯恩斯的流动性偏好理论认为(　　)。

A. 利率取决于货币的供求，而货币的供给量取决于货币当局；货币的需求量取决于人们对现金的流动偏好

B. 手持现金是利息的递增函数

C. 利息是放弃流动偏好的报酬，如果人们对流动性的偏好转弱，愿意持有货币的数量就增加，当货币的需求大于货币的供给时，利率下降

D. 如果人们对流动性的偏好强烈，货币的需求下降，利率也下降

19. 衡量利率最精确的指标通常是(　　)。

A. 存款利率　　B. 贷款利率　　C. 到期收益率　　D. 基准利率

20. 利息率的合理区间是(　　)。

A. 等于平均利润率　　B. 大于零

C. 大于零而小于平均利润率　　D. 无法确定

21. 关于证券价格与利率关系的表述正确的有(　　)。

A. 市场利率水平与证券价格水平存在正比例关系

B. 证券的期限越长，市场利率的同一变化对其价格的影响越大

C. 由于影响二者水平的因素不一致，因而它们之间不存在任何关系

D. 以上都不对

22. 古典利率理论认为(　　)。

A. 利率取决于边际储蓄曲线与边际投资曲线的均衡点

B. 投资是利率的递增函数,投资流量随利率的提高而增加

C. 利率提高,投资额上升

D. 储蓄是利率的递减,储蓄额与利率呈正相关关系

三、多选题

1. 我国利率的决定与影响因素有(　　)。

A. 利润的平均水平　　B. 资金的供求状况

C. 物价变动的幅度　　D. 国际经济的环境

E. 政策性因素

2. 关于利息理解正确的有(　　)。

A. 从债权人的角度看,利息是债权人贷出资金而从债务人处获得的报酬

B. 从债务人的角度看,利息是债务人为获得货币资金的使用权所付出的代价

C. 利息是债务人使用资金的“价格”

D. 利息来源于货币资金的自行增值

E. 利息来源于利润

3. 根据名义利率与实际利率的比较,实际利率呈现三种情况(　　)。

A. 名义利率高于通货膨胀率时,实际利率为正利率

B. 名义利率高于通货膨胀率时,实际利率为负利率

C. 名义利率等于通货膨胀率时,实际利率为零

D. 名义利率低于通货膨胀率时,实际利率为正利率

E. 名义利率低于通货膨胀率时,实际利率为负利率

4. 利率对宏观经济的影响主要表现在(　　)。

A. 利率能够调节社会资本供给　　B. 利率能够调节投资

C. 利率能够影响企业和个人的经济活动　　D. 利率能够调节社会总供求

5. 马克思的利率理论认为(　　)。

A. 利息只存在于资本主义经济关系中

B. 利息属于信用范畴

C. 利息的本质是对价值时差的一种补偿

D. 利息就本质而言,是剩余价值的一种特殊表现形式

6. 影响利率变化的因素有(　　)。

A. 经济周期　　B. 税收　　C. 制度因素　　D. 政策因素

E. 通货膨胀

7. 利率作为经济杠杆，其主要功能有（　　）。

A. 传递经济信息　　B. 优化资源配置

C. 节约资金使用，加速资金的周转　　D. 影响储蓄，引导消费

E. 调节投资需求，影响投资规模

四、判断题

1. 在通货膨胀条件下，市场上各种利率均为名义利率。（　）

2. 公定利率即政府确定利率。（　）

3. 有违约风险的公司债券的风险溢价必须为负，违约风险越大，风险溢价越低。（　）

4. 分割市场理论认为收益率曲线的形状取决于投资者对未来短期利率变动的预期。（　）

5. 预期理论认为如果未来短期利率上升，收益率曲线下降；如果未来短期利率下降，收益率曲线则上升；如果未来短期利率不发生变化，收益率曲线也不动，即呈水平状。（　）

6. 实行浮动利率，借款人计算借款成本的难度要大些，但是借贷双方承担的利率风险较小。因此，对于中长期贷款，一般都倾向于选择浮动利率。（　）

7. 由市场决定利率，穷人借贷的利率会比富人高。（　）

8. 间接管理体制的标准是利率市场化。（　）

9. 因为银行定期存款采取单利计息，因此，期限越长的存款越吃亏。（　）

10. 在计算房贷的还款额时，贷款利率是作为贴现率来处理的。（　）

11. 即使仅仅从金融的角度而非法律的角度，转按揭也必须得到银行的同意。（　）

12. 实际利率为负数的情况并不少见。（　）

13. 以复利计息，考虑了资金的时间价值因素，对贷出者（储户）有利。（　）

14. 利率上升，债券价格上升；利率下降，债券价格也下降。（　）

15. 低利率有利于促进投资。（　）

16. 浮动利率避免了借贷期间受市场利率波动的影响，有利于降低借贷双方的风险。（　）

17. 当名义利率高于通货膨胀率时，实际利率则表现为负数，称为负利率。（　）

18. 固定利率在通货膨胀条件下，债务人要承担由于通货膨胀给其造成金融资产损失的风险。（　）

19. 实际利率水平小于零意味着资金的供给者贷出资金而产生实际价值的损失。（　）

20. 利率水平上升，抑制了社会资金需求的增加。（　）

21. 贷款利率水平的高低同信贷资金总量成正方向变化，银行可以通过调整贷款利率水平来调节社会信贷规模和投资规模。（　）

五、填空题

1.(　　)认为,利息是放弃流动偏好所得的报酬。

2. 在信用活动持续期间计算利息的基本方法有两种,即(　　)和复利计息法。

3.(　　)指仅对本金部分计算利息,对本金所产生的利息部分不再计算利息的计算方法。

4.(　　)是指在整个借贷期限内,每隔一段期限计算一次利息,并将此利息转入本金加计利息的计算方法。

5. 百分数表示利率的为(　　);千分数表示的利率为(　　);万分数表示的利率为(　　)。

6.(　　)是指在一定时点上对物价变动因素进行剔除后的利率。

7.(　　)是指由资金供求关系和风险收益关系等市场因素所决定的利率,它是资金价格的真实表现。

8.(　　)是指由货币当局规定的并强令执行的利率。

9.(　　)是指在借贷期限内保持利率水平不变。

10.(　　)是指在借贷期限内利率可以定期调整的利率。

11. 借贷期限越长,风险越大,利率越(　　);反之,借贷期限越短,风险越小,利率越(　　)。

12. 利息的计算有两种基本方法(　　)和(　　)。

13. 各种有收益的事物都可以通过收益与利率的对比而倒过来算出它相当于多大的资本金额,这就是(　　)。

14. 利率是使公众愿意以货币的形式持有的财富量(即货币需求)恰好等于现有货币存量(即货币供给)的价格。这属于(　　)。

15. 按借贷期内利率是否浮动可将利率划分为(　　)与(　　)。在借贷期限较短或市场利率变化不大的情况下可以采用(　　)。

16. 在多种利率并存的条件下起决定作用的利率是(　　)。在西方国家通常是中央银行的(　　)。

17. 通常情况下,名义利率扣除(　　)即可视为实际利率。

18. 各类利率之间和各类利率内部都有一定的联系并相互制约,共同构成一个有机整体,即(　　),它是一国在一定时期内各类利率的总和。

19. 在马克思的利率决定理论中,利率的最高界限是(　　)。

20. 相同期限金融资产因风险差异而产生的不同利率,被称为(　　)。

21. 由于债券发行者的收入会随经营状况而改变,因此债券本息的偿付能力不同,这就给债券本息能否及时偿还带来了不确定性,这种风险叫作(　　)。

22. 债券利率与无风险证券利率之差被称为(　　)。

23. 利率对应着长短不同的期限而高低不同,这是(　　)。

24. 与利率管制相比较，利率市场化强调在利率决定中(　　)的主导作用。
25. 西尼尔认为利润是资本家(　　)的报酬。
26. 凯恩斯认为利息是在一定时期内(　　)的报酬。
27. 费雪从纯心理因素来解释利息现象，将利息归结为(　　)的结果。
28. 威廉·配第认为利息是因暂时放弃(　　)而获得的报酬。
29. 真实的利率理论认为利率决定于(　　)的相互作用。

六、简答题

1. 举例说说生活中的收益资本化(4 个以上例子)。
2. 简述凯恩斯利率水平决定的流动性偏好理论。
3. 简述利率期限结构决定的预期理论。
4. 简述有关利率期限结构决定的市场分割理论。
5. 各国政府实行利率管制的主要理由有哪些？
6. 利率市场化的主要内容有哪些？
7. 试分析决定和影响利率的因素有哪些？
8. 试分析利率有何经济功能？
9. 试分析我国利率市场化改革。
10. 利率功能的发挥需要具备哪些条件？

七、论述题

1. 试论述决定和影响利率变动的因素。
2. 试论述利率在经济生活中所起的作用。

八、计算题

甲企业向 A 银行申请贷款 10 000 万元，年利率 8%，贷款期限 3 年，到期一次还本付息，分别按单利计息法和复利计息法计算，甲企业应支付 A 银行多少利息？

第四部分　答案解析

一、名词解释

1. 利息：货币资金所有者贷出一定数量货币所获得的报酬。

2. 利率:指利息对本金的比率。

3. 名义利率:指在一定时间上对物价变动因素未作剔除的利率。

4. 实际利率:指在一定时点上对物价变动因素进行剔除后的利率。

5. 市场利率:指由资金供求关系和风险收益关系等市场因素所决定的利率。

6. 官定利率:指由货币当局规定的并强令执行的利率。

7. 利率体系:指在一个经济运行机体中存在的各种利率由各种内在因素联结成的有机体,主要包括利率结构和各种利率间的传导机制。

8. 现值:指为取得一定的本利和现在所需要的本金。

9. 终值:按一定利率计算出的本利和。

10. 固定利率:指在借贷期限内保持利率水平不变的利率。

11. 货币时间价值:货币经历一定时间的投资和再投资所增加的价值,也称资金的时间价值。

12. 到期收益率:指来自某种金融工具到期前的现金流的现值总和与其当前市场价格相等时的贴现利率水平。

13. 收益资本化:各种有收益的经济要素,不论它是否是一笔贷放出去的货币金额,甚至也不论它是否是一笔资本,都可以通过收益与利率的对比而倒过来算出它相当于多大的资本金额,这就是所谓"收益资本化"。

14. 利率的期限结构:在金融市场上,品质(风险、流动性、税收等)基本相同但期限不同的债券其利率水平也往往不同,这种差异我们称之为利率的期限结构。

二、单选题

1-5 D B A A C　　6-10 A C A C B　　11-15 A D B D A
16-20 B C A C C　　21-22 B A

三、多选题

1. ABCDE　　2. ABCE　　3. ACE　　4. ABCD　　5. BD
6. ACDE　　7. ABCDE

四、判断题

1-5 √ × × × ×　　6-10 √ √ √ × √　　11-15 √ √ √ × √
16-20 √ × × √ √　　21 ×

五、填空题

1. 流动性偏好理论
2. 单利计息法
3. 单利计息法
4. 复利计息法
5. 年利率　月利率　日利率
6. 实际利率
7. 市场利率
8. 官定利率
9. 固定利率
10. 浮动利率
11. 高　低
12. 单利计息法　复利计息法
13. 资本化
14. 凯恩斯的流动性偏好理论
15. 固定利率　浮动利率　固定利率
16. 基准利率　再贴现利率
17. 通货膨胀率
18. 利率体系
19. 平均利润率
20. 利率的风险结构
21. 信用风险
22. 风险溢酬
23. 利率的期限结构
24. 市场供求
25. 节欲
26. 货币周转灵活性
27. 人性不耐
28. 货币的使用权
29. 储蓄和投资

六、简答题

1.(1)实物资产方面的地租收益导致土地资本化,高速公路收费收益权导致公路资本化。

（2）虚拟资本方面的股票债券的股息红利与债息收益导致股票债券资本化。

（3）个人体力和智力带来的收益导致个人未来获得收益的能力的资本化，如人力资本入股、事故赔偿费用的计算。

（4）专利、商标、版权等带来的收益涉及无形资产的资本化。

2.（1）凯恩斯学派的流动性偏好理论认为利率不是由储蓄和投资的相互作用决定的，而是由货币量的供求关系决定的。

（2）凯恩斯认为，利率是使公众愿意以货币的形式持有的财富量（即货币需求）恰好等于现有货币存量（即货币供给）的价格。

（3）凯恩斯认为，货币的供应量由中央银行直接控制，当中央银行持续增加货币供给，导致利率非常低时，人们都会抛出有价证券而持有货币，从而使人们对货币需求变得无限大，这就是“流动性陷阱”。此时，继续增加货币供给，利率不再会下降，利用扩张性货币政策刺激经济不再行得通。

3. 利率期限结构决定的预期理论基本内容如下。

（1）预期理论认为对于未来利率的预期是决定现有利率结构的主要因素。

（2）如果人们的预期利率上升，则长期利率将高于短期利率。

（3）如果人们的预期利率不变，则长短期利率相同。

（4）如果人们的预期利率下降，则长期利率低于短期利率。

（5）该理论不考虑流动性偏好以及资金供求方在长短期资金市场移动的交易成本和风险，有些片面。

4. 市场分割理论认为，各种资金市场是彼此分割的，相互独立的。

（1）各种金融机构有其相对独立的经营领域，如商业银行主要从事短期贷款，以购买短期债券为主，而储蓄机构、保险公司等金融机构则注重未来收入的稳定性，因而以购买长期证券为主。

（2）各种不同期限的证券也是各有特点，可满足不同投资者的偏好，而不同的投资者或借款者往往也只对某种期限的证券感兴趣，如存货投资者一般只借入短期资金，房地产经营者一般借入长期资金等。在这种情况下，资金并不能在长短期资金市场上自由移动，长短期证券也不能完全地相互替代转换。这样两类利率之间并不能相互影响。

（3）当然，这一理论在纠偏时，也有些过度了。如果利率差距足够大，大到可以补偿交易成本和风险成本时，资金供给和需求肯定会在两个市场移动，从而导致长短期利率差距缩小。

5.（1）避免金融机构间的恶性竞争，保证存款机构稳健经营和提高生存能力。

（2）力图降低融资成本。

（3）保护存款人。

（4）避免因利率自由波动导致经济的不稳定以及可能带来的通货膨胀效应。

（5）提高金融体系中资金流动的效率。

（6）而发展中国家政府管制利率的一个主要目的是掌握和控制国家的经济命脉。

6. 利率市场化至少应该包括如下内容。

(1)金融交易主体享有利率决定权。

(2)利率的数量结构、期限结构和风险结构应由市场自发选择。

(3)同业拆借利率或短期国债利率将成为市场利率的基本指针。

(4)政府(或中央银行)享有间接影响金融资产利率的权力。

7.(1)社会平均利润率。

(2)借贷资本的供求状况。

(3)社会再生产的经济周期。

(4)市场商品的价格水平。

(5)国家的经济政策。

(6)国际利率水平。

8.(1)传递经济信息,优化资源配置。

(2)节约资金使用,加速资金的周转。

(3)影响储蓄,引导消费。

(4)调节投资需求,影响投资规模。

(5)调节货币流通,调节宏观经济。

9.(1)利率市场化的含义及目标。

①利率市场化的含义。

利率市场化改革是指实行利率管制的国家通过建立市场机制、规范金融机构行为等措施,逐步或完全放弃对利率的直接管制,转向由市场决定利率水平的过程。

②我国实行利率市场化的目标是使利率成为指导资金流向,调节资金供求,促进资源合理配置的重要经济杠杆,这是利率市场化的核心,也是市场机制有效运作的必然要求。建立动态利率机制,打破利率僵化状态。在放开同业拆借利率的基础上,使利率水平逐步微调到位。校正存贷款利差倒挂,为国有商业银行商业化创造基本条件。实行国家管理和市场决定相结合的利率管理模式,建立适合社会主义市场经济体制的利率制度。

(2)利率市场化实施步骤的选择。

第一步:先外后内,即先放开外币存贷款利率,后放开人民币存贷款利率。

第二步:先市场后银行,即先放开金融市场利率,后放开银行存贷款利率。

第三步:先贷后存,即先放开贷款利率,后放开存款利率。

第四步:先农村后城市,即先放开农村存贷款利率,后放开城市存贷款利率。

第五步:先大后小,即先放开大额存款利率,后放开小额存款利率。

(3)我国利率市场化的潜在风险分析。

①构建我国的基准利率体系,使利率市场化具备应有的市场准心。

②要基本解决我国金融业垄断经营的现实。

③要防止出现宏观经济环境的弱化。

④要防止加剧区域经济和行业发展的不平衡。

⑤要加强中央银行的金融监管力度。

⑥要防止国际游资的恶性套利,保证国际收支的平衡。

10.(1)完善的利率体系,合理的利率水平。

(2)商品生产者是真正自主经营、自负盈亏的经济实体。

(3)完善的、发达的金融市场。

(4)有效的利率管理体制。

(5)间接的经济调控体制。

七、论述题

1. 根据马克思利率决定理论,以及现代世界经济的特点,影响利率水平的因素如下。

(1)平均利润率。平均利润率决定着利润总量,也制约着利息总量。当资本总量一定时,平均利润率越高,利润总量越大,利息总量才能增加;反之,利息总量便会减少。因此,平均利润率是决定利息率的基本因素。

(2)借贷资本的供求和竞争。利息率在零和平均利润率之间处于动态变化状态,其变化的程度取决于市场资金的供求和竞争程度。一般说来,在其他条件不变的情况下,市场资金供不应求,竞争激烈,利率就会上升;市场资金供过于求,竞争缓和,利率就会下降。

(3)风险程度。作为承担风险的补偿,债权人理所当然要根据风险程度,要求债务人付给不同的报酬。因此,风险大小直接影响利率的高低。

(4)物价水平。物价上涨,货币贬值,必然给资本的贷出者造成本金和利息的损失,使存款人所得的实际利率低于名义利率。因此,在确定利率时,必然要考虑物价因素对利息和本金的影响。

(5)国际利率水平。假若一国资金大量流出,则该国货币资金可供量减少,在其他条件不变的情况下,利率必然上升。反之,若外部资金大量涌入,则会增加本国资金的供应量,在其他条件不变的情况下,利率必然下降。

(6)国家政策、法律规定和社会习惯。利率水平的确定是政府以利率杠杆调节经济的具体运用,政府支持什么产业、什么行业,可用低利率政策来体现;政府限制什么产业、什么行业,可用高利率政策来体现。另外,传统习惯、法律规定等,在利率的决定上也可起直接作用。

2.(1)促进资本形成。

利息的存在可以鼓励多储蓄少消费。而储蓄又是资本形成的重要渠道,因此,一般情况下,一国在经济发展初期,总是采取提高存款利率的政策,把再生产过程中暂时闲置的货币资本和社会各阶层的货币收入集中起来,转化为借贷资本,形成巨额社会资金,以促进经济增长。

(2)引导资金流向。

在市场经济条件下,生产要素主要是通过市场来配置的。利率的变动会引起投资决策和规模的变动，最终达到调节资金流向的目的。这种调节从结构上说，主要采取差别利率和优惠利率。

（3）平衡国际收支。

当国际收支失衡时，可通过调节利率来达到平衡。如在国际收支逆差严重时，提高本国利率水平，使其高于国外利率水平，既可阻止本国资金外流，又可使外国短期资本流入本国。但当经济衰退并发生国际收支逆差时，就不能简单地提高利率水平，而应主要调整利率结构。一方面降低长期利率，鼓励投资，发展经济；另一方面，提高短期利率，阻止本国资本外流并吸引外资流入。从而在平衡国际收支的同时，抑制经济衰退。

（4）稳定物价水平。

当物价水平持续上升时，中央银行要提高存贷款利率和再贴现率，缩小信用规模，抑制社会总需求，从而使物价趋于稳定。相反，当物价水平持续下跌时，降低存贷款利率水平和再贴现率，扩大信用规模，刺激社会总需求，使物价回升。如果物价的大幅波动是供求结构失衡导致的，利息调节的着眼点应在于结构的调整，对供不应求的商品，可降低其贷款的利率，促使企业扩大再生产，增加有效供给，最终达到稳定物价的目的。

（5）提高资金使用效率。

利息的存在使企业必须考虑投资的成本、产品的成本和持币的成本，通过科学的成本效益分析，加强经营管理，提高资金的使用效率。

（6）引导金融资产选择。

社会公众出于货币增值的需求，必须将货币收入转化为金融资产来储存。为此，他们需要在银行存款、国债、金融债券、股票、企业债券等金融资产中进行选择。

面对不确定的市场与未来，选择什么样的资产进行投资，应当考虑资产的收益性、风险性和流动性三个方面。其中，收益性与利息有着密切的关系，在证券市场上，利率的变化影响股票、债券等有价证券行市的变化。因为有价证券的价格是收入的资本化，利率的变化轨迹与有价证券的变化轨迹呈反方向运动，调整利率会直接影响有价证券的价格变化，进而影响购买者的收益。因此，调整利率可以引导人们选择不同的金融资产。

八、计算题

答：单利计息法计算：

$100\ 000\ 000 \times 8\% \times 3 = 24\ 000\ 000$

复利计息法计算：

$100\ 000\ 000 \times (1+8\%)^3 - 100\ 000\ 000 = 25\ 971\ 200$

第四章　金融市场

第一部分　本章学习目标与重难点

一、本章学习目标

理解金融市场的含义;理解金融市场的构要成素与分类;理解金融市场的地位与主要功能;掌握直接融资与间接融资的特点;了解各子市场的主要功能;掌握货币市场的构成与特点;掌握资本市场的构成与特点;了解金融市场管理意义。

二、重难点

教学重点:货币市场、资本市场。

教学难点:不同金融市场的对比。

第二部分　本章思维导图与知识要点

一、本章思维导图

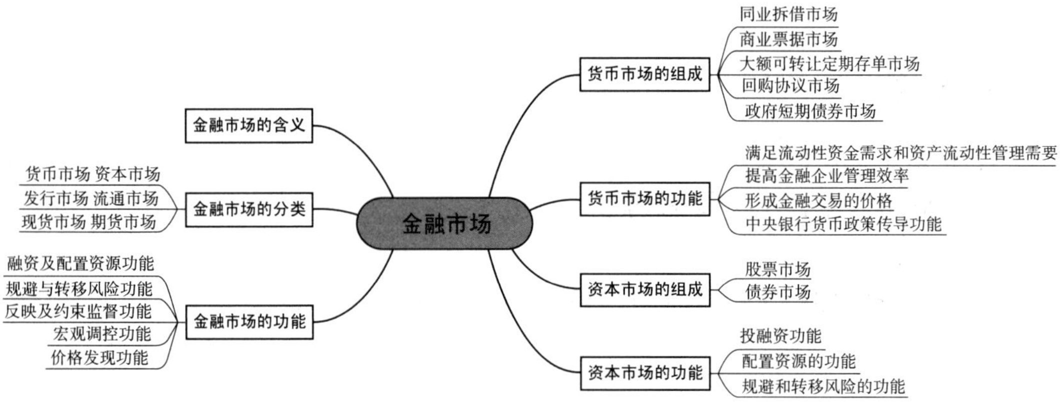

二、知识要点

（一）金融市场的含义

金融市场是资金供求双方通过金融工具的交易实现资金融通的场所和行为的总和。

（1）广义的金融市场。

广义的金融市场泛指资金供求双方运用各种金融工具，通过各种形式进行的全部金融交易活动。它包括银行存贷款、票据的承兑与贴现、有价证券的发行与买卖、黄金外汇的交易、信托、租赁、典当等各类融资活动。

（2）狭义的金融市场。

狭义的金融市场是指以各种有价证券和标准化票据的交易实现资金融通的市场，如股票债券的发行流通市场、衍生金融工具交易市场。

（二）金融市场的分类

（1）融资期限不同。

货币市场：融资期限在 1 年以内的短期金融交易市场。

资本市场：融资期限在 1 年以上的长期金融交易市场。

（2）市场功能不同。

发行市场：也称一级市场或初级市场，是从事有价证券或票据发行的金融市场，即新证券首次出售。

流通市场：也称二级市场或交易市场，是已上市的证券或票据转让交易的市场。

（3）交割时间不同。

现货市场：买卖双方成交后即时办理交割手续，一般在成交后的 1~3 日内清算。

期货市场：买卖双方成交后，按合约所规定的日期进行清算交割，分美式、欧式两种。

（三）金融市场的功能

（1）融资及配置资源功能。

（2）规避与转移风险功能。

（3）反映及约束监督功能。

（4）宏观调控功能。

（5）价格发现功能。

（四）金融工具的概念和特征

1. 概念

金融工具亦称信用工具，是在信用活动中产生，能够证明交易金额、期限、价格的书面文件。它对于债权债务双方所应承担的义务与享有的权利具有法律约束意义。

2. 金融工具的特征

金融工具的特征包括偿还性、风险性、流动性、收益性。

（五）货币市场的组成

1. 同业拆借市场

（1）含义。

银行同业拆借市场是银行及其他金融机构之间融通短期资金的市场，主要有头寸拆借和同业借贷。

（2）特征。

同业性、短期性、无担保性、协商性。

2. 商业票据市场

（1）含义。

商业票据市场是指发达国家由具有高信用等级的大企业和财务公司发行的短期无担保债券的市场。

（2）特征。

短期性（2~270天）；无担保；融资成本低（较银行贷款利率低）；通常只有发行市场，无交易市场。

（3）贴现。

贴现利息 = 票面金额 × 贴现率 × 贴现天数 /360

贴现额 = 票面金额 − 贴现利息

3. 大额可转让定期存单市场（也称CD市场）

（1）含义。

大额可转让定期存单市场即进行可转让大额定期存单买卖交易的市场。

（2）发行与转让。

由银行等金融机构采用批发或零售方式发行，到期之前可随时转让。

4. 回购协议市场

（1）含义。

回购协议市场是以购回协议方式买卖证券、融通资金的市场，实际上是一种证券抵押融资。

（2）特征。

金额大、期限短、无集中市场。

（3）参与者。

商业银行、券商、工商企业、地方政府、中央银行都是该市场的参与者。

5. 政府短期债券市场

（1）含义。

政府短期债券市场是政府短期债券发行与交易的市场。政府短期债券，是一国政府为筹集短期资金而发行的有价证券，主要是国库券。

（2）发行方式。

国库券的发行一般采用拍卖方式，即通过竞标来确定债券的投资者。

（3）转让。

到期之前，可由持有者在市场上转让买卖，也可在银行办理贴现。

（六）货币市场的功能

（1）满足流动性资金需求和资产流动性管理需要。

（2）提高金融企业管理效率。

（3）形成金融交易的价格。

（4）中央银行货币政策传导功能。

（七）主要的资本市场金融工具

1. 股票

（1）含义。

股票是股份有限公司发行的、表示其股东按其持有的股份享受权益、承担义务的可转让的凭证。

（2）特性。

①高收益性。

②高风险性。

③无限期。

④流动性。

（3）分类。

按股票代表的股东权利划分，股票可分为普通股股票和优先股股票。

按股票可否上市交易，股票可分为流通股和非流通股。

2. 债券

（1）定义。

债券是一种确定债权债务关系的凭证，或者说是借款人向贷款人出具的对长期债务承担还本付息义务的凭证。

（2）债券的分类。

①按照发行主体分类，债券可分为政府债券、金融债券和公司债券。

②按照财产担保的性质分类，债券可分为抵押债券和信用债券。

③按照偿还与付息的方式分类，债券可分为附息债券、贴现债券和浮息债券。

（3）债券与股票的区别。

从投资角度看：权利不同，对公司控制权影响不同，收益不同，风险不同。

从融资角度看：筹集资金的成本不同，资金稳定性不同，融资者压力不同。

（八）资本市场的功能

（1）投融资功能。

（2）配置资源的功能。

（3）规避和转移风险的功能。

（九）证券交易的方式

现货交易：指买卖成交按当时成交价即时清算和交割。

信用交易：指投资人只需交付一部分保证金，其余由经纪人垫付的证券交易方式。经纪人垫款来自银行贷款，获取利差收入。

期货交易：指买卖成交后，按合约规定的价格、数量、时间履行交割手续的交易方式。先买后卖——多头；先卖后买——空头。

期权交易：也叫选择权交易，它交易的是买卖某种证券的权利。买卖双方达成契约，规定期权买方支付一定期权费后，可在一定时期按约定价格向期权卖方购买或出卖既定数量的某种证券，分买入期权和卖出期权。

第三部分 练习题

一、名词解释

1. 货币市场 2. 资本市场 3. 现货市场 4. 衍生市场 5. 同业拆借市场 6. 票据贴现 7. 票据承兑 8. 回购协议 9. 股票 10. 一级市场 11. 二级市场 12. 普通股股票 13. 优先股股票 14. 蓝筹股 15. 债券 16. 投资基金

二、单选题

1. 狭义的金融市场就是（ ）。

A. 间接金融市场 B. 直接金融市场 C. 货币市场 D. 资本市场

2. 下列属于直接金融市场的是（ ）。

A. 国库券市场 B. 保险市场 C. 存款单市场 D. 信托市场

3. 下列属于间接金融市场的是（ ）。

A. 国库券市场 B. 股票市场 C. 中长期债券市场 D. 存单市场

4. 间接金融市场最主要的是（ ）。

A. 银行的借贷市场 B. 公司的借贷市场 C. 政府的借贷市场 D. 个人的借贷市场

5. 中央银行参与金融市场的目的是（ ）。

A. 获取盈利 B. 筹集资金 C. 套期保值 D. 宏观调控

6. 由于金融工具交易价格的波动而给其持有者带来损失的可能性属于金融工具的（ ）。

A. 信用风险 B. 市场风险 C. 操作风险 D. 流动性风险

7. 由于金融工具债务人不能履行还款义务而给其持有者带来损失的可能性属于金融工

具的(　　)。

A. 信用风险　B. 市场风险　C. 操作风险　D. 流动性风险

8. 金融市场交易的对象就是(　　)。

A. 金融工具　B. 有使用价值的商品

C. 劳务　D. 服务

9. 下列属于资本市场金融工具的是(　　)。

A. 国库券　B. 商业票据　C. 大额可转让存单　D. 股票

10. 转换成货币时免受损失的能力是金融工具的(　　)。

A. 期限性　B. 流动性　C. 风险性　D. 收益性

11. 金融工具的本金在其存续期受到损失的可能性是金融工具的(　　)。

A. 期限性　B. 流动性　C. 风险性　D. 收益性

12. 下列金融工具偿还期为零的是(　　)。

A. 国库券　B. 商业票据　C. 股票　D. 活期存款

13. 下列金融工具偿还期为无限的是(　　)。

A. 国库券　B. 商业票据　C. 股票　D. 活期存款

14. 下列关于金融工具流动性表述正确的是(　　)。

A. 金融工具的偿还期限与流动性呈正方向变动

B. 金融工具的收益性与流动性呈反方向变动

C. 金融工具发行人的信誉程度与流动性呈反方向变动

D. 金融工具的风险性与流动性呈正方向变动

15. 将金融市场分为现货市场和期货市场的划分标准是(　　)。

A. 交易的金融工具期限长短　B. 交易的层次

C. 金融工具交割的期限　D. 交易的标的物

16. 将金融市场分为发行市场和流通市场的划分标准是(　　)。

A. 交易的金融工具期限长短　B. 交易的层次

C. 金融工具交割的期限　D. 交易的标的物

17. 下列金融工具中属于衍生金融工具的是(　　)。

A. 商业票据　B. 期权　C. 债券　D. 股票

18. 将金融市场分为国内金融市场和国际金融市场的划分标准是(　　)。

A. 交易的金融工具期限长短　B. 交易的层次

C. 金融工具交割的期限　D. 金融交易的地域

19. 将金融市场分为有形市场和无形市场的划分标准是(　　)。

A. 交易的金融工具期限长短　B. 交易的层次

C. 金融工具交割的期限　D. 有无固定交易场所

20. 筹集资金是哪种金融市场的主要功能(　　)。

A. 发行市场　B. 流通市场　C. 外汇市场　D. 票据市场

三、多选题

1. 广义的金融市场包括(　　)。
A. 直接金融市场　B. 间接金融市场　C. 银行借贷市场　D. 个人借贷市场
E. 政府借贷市场
2. 金融市场的构成要素有(　　)。
A. 参与者　B. 金融工具　C. 交易价格　D. 组织形式
3. 下列选项中是金融市场的参与主体的是(　　)。
A. 政府部门　B. 中央银行　C. 金融机构　D. 工商企业
E. 居民个人
4. 按照不同权利义务,金融工具可分为(　　)。
A. 直接金融工具　B. 间接金融工具　C. 权益工具　D. 债务工具
E. 货币市场工具
5. 金融工具的特点有(　　)。
A. 期限性　B. 流动性　C. 风险性　D. 收益性
E. 系统性
6. 持有金融工具的收益组成为(　　)。
A. 利息收益　B. 红利收入　C. 资本利得　D. 税收
E. 利润
7. 按照交易的金融工具期限长短划分,金融市场可分为(　　)。
A. 货币市场　B. 现货市场　C. 资本市场　D. 发行市场
E. 期货市场
8. 按照交易标的物划分,金融市场可分为(　　)。
A. 证券市场　B. 票据市场　C. 外汇市场　D. 黄金市场
E. 衍生工具市场
9. 货币市场的主要特点有(　　)。
A. 低风险、低收益　B. 期限短、流动性强
C. 交易量大　D. 以机构投资者为主
E. 多为无形市场
10. 与货币市场相比,资本市场特点主要有(　　)。
A. 融资期限长　B. 安全性相对较差
C. 风险大、收益高　D. 一般有固定的交易场所
E. 价格变动幅度大

四、判断题

1. 金融工具的偿还期限越长，流动性越强。（　）
2. 国库券是一种长期的信用工具，一般在资本市场上发行。（　）
3. 优先股股票在影响企业决策的发言权上比普通股股票优先。（　）
4. 优先股股东与普通股股东相比有优先认购新股的权利。（　）
5. 从本质上说，回购协议是一种抵押贷款，其抵押品为证券。（　）
6. 回购协议中债券的购买方是资金的借入方。（　）
7. 随着经济的发展，以金融机构为中介的间接融资将占主导地位，而直接融资的作用将越来越小。（　）
8. 一般而言，同业拆借利率是金融市场上金融资产收益率变动最为敏感的指标。（　）
9. 与公司债券相比，金融债券的风险较高。（　）
10. 剩余资产求偿的优先顺序是债权人、优先股股东、普通股股东。（　）
11. 无记名债券通常可以挂失，安全性好，但流动性差。（　）

五、填空题

1. 金融市场按照所交易金融资产的期限划分，可分为（　）和（　）。
2. 金融市场按金融交易标的物的性质划分，可分为（　）、（　）、（　）、（　）和（　）。
3. 金融市场按金融资产的发行和流通特征划分，可分为（　）和（　）。
4. 金融市场按交割方式划分，可分为（　）与（　）。
5. 发行市场是有价证券由（　）向（　）转移的市场，又被称为（　）。
6. 衍生金融工具包括（　）、（　）、（　）、（　）等。
7. 金融市场的构成要素包括（　）、（　）、（　）、（　）。
8. 金融工具是所有权或债权债务关系的凭证，具有（　）、（　）、（　）和（　）的特点。
9. 金融工具的风险主要来自两个方面：一是（　），二是（　）。
10. 金融工具的收益性用收益率来衡量，收益率是指一定时期内持有金融工具的（　）与（　）的比率。
11. 货币市场可分为（　）、（　）、（　）、（　）、（　）等若干个子市场。
12. （　）年（　）正式发行第一批大额可转让定期存单，这是我国办理大额可转让定期存单业务的开始。
13. 资本市场通常由（　）、（　）和（　）构成。
14. 优先股股票相对于普通股股票在（　）和（　）方面具有优先权。
15. B 股是以（　）标明面值，以（　）认购和买卖，在境内证券交易所上市交易的股票。H 股是在(　　)上市的外资股。N 股是内地注册的公司在(　　)上市的股票。

16. 债券按发行主体不同可划分为(　　)、(　　)和(　　)。

17. 债券按是否有抵押或担保划分为(　　)和(　　)。

18. 我国的规定：还本期限在(　　)的为短期债券，还本期限在(　　)的为中期债券，还本期限在(　　)的为长期债券。

19. 投资基金在不同国家或地区称谓有所不同，在美国被称为(　　)，在英国和中国香港被称为(　　)，在日本和中国台湾被称为(　　)。

20. 投资基金根据基金单位是否可增加或赎回，可分为(　　)和(　　)；根据组织形态的不同，可分为(　　)和(　　)；根据投资目标的不同，可分为(　　)、(　　)和(　　)。

六、简答题

1. 金融市场与其他市场有何异同？
2. 简述金融市场的功能。
3. 试述金融市场的构成要素及其相互关系。
4. 货币市场由哪些子市场构成？
5. 同传统的定期存款相比，大额可转让定期存单具有哪些特点？
6. 债券与股票的联系与区别。
7. 简述投资基金的特点。
8. 在回购市场中，利率的确定取决于哪些因素？

七、计算题（根据所给资料和要求列出必要的计算过程，最终结果保留一位小数）

一张面额为 100 元的债券，券面年利率为 10%，期限为 2 年，到期一次还本付息。某甲持有满 1 年后，以 111.8 元的价格把该债券卖给某乙，某乙持有到期。试计算两人的收益率（不考虑交易费用）。

八、案例分析题（阐明主要观点并逐一加以论述）

俄罗斯金融危机

1998 年，俄罗斯金融市场的动荡愈演愈烈。俄罗斯金融市场投资者的心理崩溃，一场自俄罗斯独立以来最为严重的金融危机爆发了。

1998 年 8 月 17 日，俄罗斯政府及中央银行发表了“联合声明”，对国内出现的金融危机采取“三大措施”。

（1）扩大卢布汇率浮动幅度。放弃1997年11月11日宣布的1998—2000年“外汇走廊”（6.2卢布兑1美元，浮动幅度正负15%），将该汇率走廊扩大到6~9.5卢布兑1美元，卢布在此范围内浮动。外汇市场当天的成交价，即中央银行的官方汇率。

（2）延期清偿内债。1999年12月31日前到期的国家短期债券转换成新的国家有价证券，期限和收益率等条件另行公布。在转换手续完成前国债市场停止交易。俄罗斯政府曾号召国债持有者将债券转换成7年期和20年期的外汇债券，利率在12%以上。但在700多亿美元的内债市场上很少有人响应，内债问题没有解决。

（3）冻结部分外债。俄罗斯商业银行和公司在国外银行和投资公司的贷款、用有价证券作担保的贷款的保险金，以及定期外汇契约，其支付期冻结90天。同时禁止国外投资者将资金投入偿还期在一年内的卢布资产。政府强调，“冻结”不涉及政府借的外债。

这“三大措施”出台后，俄罗斯金融危机并未得到缓解，相反，金融市场上一片混乱，对国家的政治、经济和社会产生了巨大的负面影响。

就金融市场来看，汇市混乱、股市暴跌、债市停滞。卢布同美元的比价由1997年8月17日的6.3∶1暴跌为9月9日的22.4∶1，贬值72%，6天后又反弹为8.9∶1，升值160%；俄罗斯交易系统股价综合指数从一年前的230点跌为约40点；进入欧洲企业500强的14家俄罗斯工业企业的股票总市值由一年前的1 140亿美元缩水为160亿美元。俄罗斯债市停业近4个月，政府债券在国际债市上的市值仅为面值的6%。受冲击最大的是尚处于发展初期且十分稚嫩的银行系统，银行总资本、存款和吸收的贷款均减少了1/3。1998年第三季度，俄罗斯1 500家银行中有590家亏损。在即将开始的银行系统重组中近一半银行被迫宣布破产。

俄罗斯1998年爆发的3次金融危机使卢布贬值70%，失业人数大幅上升，生活在贫困线以下的人口由年初的1/5增至年底的1/3，90%以上的居民生活水平下降。

金融危机不仅冲击金融市场，还严重毁坏整个国民经济体系。1997年俄罗斯国内生产总值和工、农业产值分别回升0.8%、1.9%和0.1%，1998年分别下降5.5%、6%和10%；1997年俄罗斯外贸额增长1.5%，1998年下降12%~13%；1997年通胀率为11%，1998年预计超过70%；1997年俄罗斯吸收外资105亿美元，1998年仅30亿美元。

根据以上案例分析以下问题。

1. 金融市场有哪些功能？

2. 根据俄罗斯金融危机产生的原因，分析金融市场发展的负面影响。

第四部分　答案解析

一、名词解释

1. 货币市场：融资期限在1年以内的短期金融市场。

2. 资本市场:融资期限在 1 年以上的长期金融市场。

3. 现货市场:买卖双方成交后及时办理交割手续的金融交易市场。

4. 衍生市场:通过各种衍生金融工具进行交易的市场。

5. 同业拆借市场:金融机构之间以货币借贷方式进行短期资金融通活动的市场。

6. 票据贴现:商业票据持票人以贴付一定的利息为代价,在票据未到期前向金融机构兑换现款的一种票据转让行为。

7. 票据承兑:汇票到期前,汇票付款人或指定银行确认票据证明事项,在票据上作出承诺付款的文字记载、签章的一种手续。

8. 回购协议:在出售证券的同时,和证券的购买商签定协议,约定在一定期限内按原定价格或约定价格购回所卖证券,从而获取即时可用资金的一种交易行为。

9. 股票:股份有限公司发给股东作为入股凭证,并借以取得股息收益的一种有价证券。

10. 一级市场:资金需求者将金融资产首次出售给公众时所形成的交易市场,也称为初级市场或发行市场。

11. 二级市场:证券发行后各种证券在不同的投资者之间买卖流通所形成的市场,又称流通市场或次级市场。

12. 普通股股票:代表着股东享有的平等权利,不加以特别限制,并根据股份有限公司利润而分取相应股息的股票。

13. 优先股股票:是相对于普通股股票而言的,指优先于普通股股票分取公司收益和剩余资产的股票。

14. 蓝筹股:又称热门股,是那些规模庞大、经营良好、收益丰厚的大公司发行的股票。

15. 债券:投资者向政府、公司或金融机构提供资金的债权债务合同,该合同载明发行者在指定日期支付利息并在到期日偿还本金的承诺。

16. 投资基金:通过发行基金股份(或收益凭证),将投资者分散的资金集中起来,由专业管理人员分散投资于股票、债券或其他金融资产,并将投资收益分配给基金持有者的一种金融中介机构。

二、单选题

1-5 B A D A D　　6-10 B A A D B　　11-15 C D C B C
16-20 B B D D A

三、多选题

1. AB　2. ABCD　3. ABCDE　4. CD　5. ABCD
6. ABC　7. AC　8. ABCDE　9. ABCDE　10. ABCDE

四、判断题

1-5 × × × × √ 6-10 × × √ × √ 11 ×

五、填空题

1. 货币市场 资本市场
2. 外汇市场 黄金市场 票据市场 证券市场 衍生工具市场
3. 一级市场 二级市场
4. 现货市场 期货市场
5. 发行者 投资者 一级市场
6. 远期合约 期货合约 期权合约 互换协议
7. 参与者 金融工具 交易价格 组织形式
8. 期限性 流动性 风险性 收益性
9. 信用风险 市场风险
10. 收益 本金
11. 同业拆借市场 商业票据市场 大额可转让定期存单市场 回购协议市场 政府短期债券市场
12. 1986 交通银行上海分行
13. 股票市场 债券市场 投资基金
14. 获取公司收益 剩余资产求偿
15. 人民币 外币 香港 纽约
16. 政府债券 公司债券 金融债券
17. 信用债券 抵押债券
18. 1 年或 1 年以内 1 年以上 5 年以下 5 年以上
19. 共同基金 单位信托基金 证券投资信托基金
20. 开放式基金 封闭式基金 公司型投资基金 契约型投资基金 收入型基金 成长型基金 平衡型基金

六、简答题

1. 金融市场在经济生活中与其他市场一样都是市场体系中极为重要的组成部分。金融市场与其他市场的差异如下。

（1）在金融市场上，市场参与者之间的关系已不是一种单纯的买卖关系，而是一种借贷关系和委托代理关系，是以信用为基础的资金的使用权和所有权的暂时分离或有条件的让渡。

（2）市场的交易对象是一种特殊的商品即货币资金。资金供给者和需求者在此市场上融通资金余缺，实现资金交易，它是一种复杂的交易过程。

（3）金融市场可以是有形市场也可以是无形市场，随着计算机网络等技术的广泛应用，市场交易的场所在大部分情况下是无形的。

2. 金融市场的功能。

（1）融资及配置资源功能。

（2）规避与转移风险功能。

（3）反映及约束监督功能。

（4）宏观调控功能。

（5）价格发现功能。

3.（1）金融市场参与者，指金融市场上的交易主体，包括参与交易的个人、企业、各级政府及政府机构、金融机构。金融机构包括银行及非银行金融机构、中央银行等。参与者构成金融市场的供求双方。

（2）金融工具，是指金融市场上的交易工具，它是货币资金和书面契约形式的信用工具。金融工具是资金供求双方交易的载体。

（3）交易价格。金融市场的交易价格是利率，利率决定资金需求方借入资金的成本。

（4）组织形式。金融市场的组织形式既有有形市场，也有无形市场。不同的组织形式决定了市场参与者进行交易的场所和方式不同。

4. 货币市场的子市场包括：同业拆借市场、商业票据市场、大额可转让定期存单市场、回购协议市场、政府短期债券市场。

同业拆借市场指金融机构之间以货币借贷方式进行短期资金融通活动的市场。同业拆借的资金主要用于弥补短期资金的不足、票据清算的差额以及解决临时性的资金短缺问题。

商业票据是具有法定格式，表明债权债务关系的一种有价凭证。商业票据一般有两种：本票（期票）和汇票。票据市场可分为票据承兑市场、票据贴现市场和本票市场。

大额可转让定期存单市场是指进行可转让大额定期存单买卖交易的市场。

回购协议市场是指以购回协议方式买卖证券、融通资金的市场。

政府短期债券市场是指进行政府短期债券发行和交易的市场。

5.（1）定期存款记名，不可流通转让；而大额可转让定期存单不记名，可以流通转让。

（2）定期存款面额不固定，可大可小；而大额可转让定期存单面额较大，在美国最低面额为 10 万美元，我国的大额可转让存单的最低面额为 500 元。

（3）定期存款利率固定；大额可转让定期存单利率既有固定的，也有浮动的，且一般来说比同期限的定期存款利率高。

（4）定期存款可以提前支取，提前支取时要损失一部分利息；大额可转让存单不能提前支取，但可在二级市场流通转让。

6. 股票和债券是资本市场上筹措中长期资金的主要信用工具，都是属于直接融资的范畴，并且都可在金融市场上出售转让。股票和债券都是一种虚拟资本，都以资本所有权证书的形式存在，自身没有内在的实际价值。

两者的区别体现在性质、本金偿还方式、持有者收益水平和承担风险等方面。

（1）两者的性质不同。股票是所有权凭证，证明股东对公司所有权的比重，股东也有参与公司经营管理的权利和机会。债券是一种债务凭证，表示一定时期内的债权和债务关系，持有者只有到期要求还本付息的权利，而没有参与公司经营管理的权利。

（2）两者本金偿还方式不同。股票是不归还本金的永久性有价证券；债券除了永久性债券外都有偿还期，具有还本的要求，并要按规定支付利息。

（3）两者持有者收益水平不同。股票的股息和红利是不固定的（优先股除外）；债券按事先确定的利率支付利息，具有相对稳定的收益。

（4）两者所承担风险不同。债券的风险主要是市场风险和信用风险；而股票的风险除了债券要承担的风险以外，还需要承担公司的经营风险和证券市场价格波动等风险。股票的风险要比债券的风险大很多。

7.（1）社会游资与专业管理紧密结合。

（2）化零为整与化整为零相结合。所谓化零为整，是指投资基金制度可以迎合广大百姓的利己心态和致富心理，运用盈利杠杆把分散于千家万户的富余资金汇集成巨额资本。所谓化整为零，是指投资基金制度要求投资基金的运用遵循组合投资、分散风险的原则，并对投资基金投资对象的比例构成作出强制性法律规定。

（3）投资基金的投资活动主要表现为间接投资。投资基金并不直接在某一产业领域开展经营活动，而是将投资基金资产分散投资于其他企业，再由其他企业在其权利能力允许的范围之内，将资本投资于某一产业领域，并开展经营活动。

8.（1）用于回购的证券的质地。证券的信用度越高，流动性越强，回购利率就越低；否则，回购利率就会高一些。

（2）回购期限的长短。一般来说，期限越长，由于不确定因素越多，利率越高。

（3）交割的条件。如果采用实物交割的方式，回购利率就会较低，如果采用其他交割方式，则利率就会高一些。

（4）货币市场及其他子市场的利率水平。回购协议的利率水平一般是参照同业拆借市场利率而确定的。由于回购交易实际上是一种用较高信用的证券特别是政府证券作抵押的贷款方式，风险较小，因而利率也较低。

七、计算题（根据所给资料和要求列出必要的计算过程，最终结果保留一位小数）

$$\text{某甲的收益率}=\frac{111.8-100}{100}\times100\%=11.8\%$$

$$\text{某乙的收益率}=\frac{100+100\times10\%\times2-111.8}{111.8}\times100\%=7.3\%$$

八、案例分析题（阐明主要观点并逐一加以论述）

1. 金融市场的功能分为微观和宏观两方面。

金融市场的微观经济功能：

（1）提供资金流动性管理的功能；

（2）降低交易成本的功能；

（3）分散和转移风险的功能；

（4）实现财富保值和增值的功能；

（5）价格发现的功能。

金融市场的宏观经济功能：

（1）聚集社会资金，促进经济增长；

（2）优化资源配置，实现资金的高效运转；

（3）政府宏观经济调控的重要组成部分；

（4）反映经济动向，传播经济信息。

2. 从本案例中可以看出，财政危机是引发俄罗斯此次金融危机的根源。

20 世纪 90 年代以后俄罗斯出口收入的减少使财政收入大量减少，并且税收工作很不力，造成了财政收支失衡。

健全和发达的金融市场对促进一国经济与金融的发展有积极的意义。但是，我们应当认识到，如果金融市场的组成结构不合理，或是缺乏必要的调控和管理，让其自由地运作和发展，或是采取的管理方式不合理，那么金融市场对经济发展会产生消极的影响甚至起到破坏的作用。所以，各国除了应当建立均衡发展的金融市场，还应当采取合理的政策工具对金融市场进行积极的宏观调控，弱化其波动对经济金融发展的消极影响，强化其积极效应。

第五章　金融机构体系

第一部分　本章学习目标与重难点

一、本章学习目标

了解我国金融机构体系的构成,掌握不同金融机构的作用,了解国际金融组织。

二、重难点

教学重点:金融机构体系构成。
教学难点:金融机构作用。

第二部分　本章思维导图与知识要点

一、本章思维导图

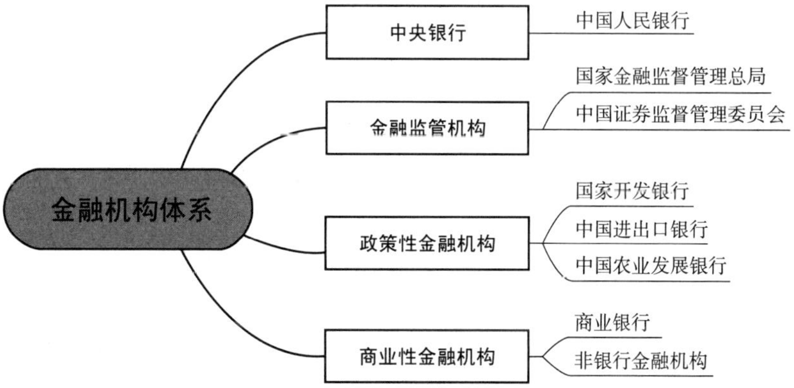

二、知识要点

我国现行金融机构体系:

(1)中央银行:中国人民银行。

(2)金融监管机构:中国证券监督管理委员会、国家金融监督管理总局。

(3)政策性金融机构:国家开发银行;中国进出口银行;中国农业发展银行。

(4)商业性金融机构:商业银行;非银行金融机构。

第三部分　练习题

一、名词解释

1. 商业性金融机构　2. 政策性金融机构　3. 区域性金融机构

二、单选题

1. 下列金融机构中属于我国管理类金融机构的是(　　)。

A. 中国人民银行　B. 商业银行

C. 证券公司、保险公司及信托投资公司　D. 政策性银行

2. 下列机构中既属于金融管理机关又属于管理类金融机构的是(　　)。

A. 中国银行业监督管理委员会　B. 中国人民银行

C. 中国保险监督管理委员会　D. 中国证券监督管理委员会

3. 中国境内最早设立的本国新式银行是(　　)。

A. 中国通商银行　B. 户部银行　C. 丽如银行　D. 交通银行

4. 新中国金融体系开始的标志是 1948 年 12 月 1 日成立了(　　)。

A. 北海银行　B. 华北银行　C. 中国人民银行　D. 西北农民银行

5. 由中国主导建立的新的国际金融机构是(　　)。

A. 国际货币基金组织　B. 世界银行集团

C. 国际清算银行　D. 亚洲基础设施投资银行

6. 当今世界号称“中央银行的中央银行”的国际金融机构是(　　)。

A. 亚洲开发银行　B. 世界银行集团

C. 国际清算银行　D. 国际货币基金组织

7. 金融机构划分为营业性金融机构和管理性金融机构所依据的标准是其(　　)。

A. 业务性质的不同　B. 经营规模的大小　C. 职能作用的差异　D. 能否吸收存款

8. 管理性金融机构与金融管理机关的最主要区别是(　　)。

A. 是否从事特定的金融业务　B. 是否以贯彻落实政府的经济政策为目标

C. 是否具有金融管理职能　D. 是否以营利为目的

9. 下列国际金融机构中历史最悠久、现在还在运营的国际金融机构是(　　)。

A. 亚洲基础设施投资银行　　B. 国际清算银行
C. 非洲开发银行　　D. 泛美开发银行

10. 目前港元最大的发钞银行是(　　)。
A. 中国银行　B. 中国工商银行　C. 汇丰银行　D. 英格兰银行

11. 按照能否吸收存款,金融机构可以分为(　　)。
A. 国有金融机构和私有金融机构　　B. 营业性金融机构和管理性金融机构
C. 存款性公司和其他金融性公司　　D. 商业性金融机构和政策性金融机构

12. 金融租赁具有的独特功能是(　　)。
A. 融资与融物相结合　　B. 受人之托,代人理财
C. 集合投资,专家理财　　D. 组合投资,分散风险

13. 下列表述能够体现信托投资公司特点的是(　　)。
A. 与资本市场关系非常密切　　B. 服务特征不明显
C. 服务对象范围相对狭窄　　D. 在经营中需要提取准备金

14. 以"受人之托,代人理财"为基本特征的其他金融性公司是(　　)。
A. 投资基金　B. 证券公司　C. 保险公司　D. 信托投资公司

15. 在缓解中小企业融资难问题中在中小企业与商业银行之间起增强中小企业信用、防范商业银行信贷风险作用的金融机构是(　　)。
A. 金融担保公司　　B. 证券公司
C. 金融租赁公司　　D. 金融资产管理公司

16. 提出"特别提款权"的国际金融机构是(　　)。
A. 巴塞尔银行监管委员会　　B. 国际清算银行
C. 国际货币基金组织　　D. 世界银行

17. 客户以现款交付银行,由银行把款项支付给异地收款人的业务称为(　　)。
A. 汇兑业务　B. 承兑业务　C. 代收业务　D. 信托业务

18.(　　)是指专门向农业提供信贷及其相关金融服务的政策性银行。
A. 中国农业发展银行　　B. 中国农业银行
C. 中国进出口银行　　D. 国家开发银行

19.(　　)是指专门为经济开发提供长期投资性贷款的政策性银行。
A. 中国农业发展银行　　B. 中国农业银行
C. 中国进出口银行　　D. 国家开发银行

三、多选题

1. 中国在 1984 年形成了以中国人民银行为核心,以下列四大专业银行为主体、其他各种金融机构并存和分工协作的金融机构体系(　　)。
A. 中国建设银行　B. 中国银行　C. 中国工商银行　D. 中国农业银行

2. 下列国际金融机构中属于区域性金融机构的是(　　)。

A. 国际清算银行　　B. 亚洲基础设施投资银行

C. 亚洲开发银行　　D. 国际货币基金组织

3. 现代各国金融机构体系的发展出现以下趋势(　　)。

A. 经营全球化的发展趋势

B. 保持传统业务

C. 追求高利润

D. 业务、组织、技术和管理不断创新的发展趋势

4. 中国具有典型的政策性金融机构特征的金融资产管理公司是(　　)。

A. 中国信达资产管理公司　　B. 华泰资产管理公司

C. 中国东方资产管理公司　　D. 中国华融资产管理公司

5. 中国香港政府架构中的金融监管机构主要包括(　　)。

A. 香港银行公会　　B. 保险业监理处

C. 香港联合交易所　　D. 证券及期货事务监察委员会

6. 国际金融机构的重要作用体现在(　　)等方面。

A. 对金融业的国际业务活动进行规范、监督与协调

B. 就国际经济和金融领域中的重大事件进行磋商与协调,提供技术与信息等服务

C. 维持国际汇率稳定

D. 提供长短期贷款以调节国际收支的失衡以支持世界经济发展

7. 金融机构在现代经济体系中具有以下突出地位(　　)。

A. 是金融产业的载体

B. 是一国第三产业中最重要的部分及经济发展的支柱产业

C. 是一国经济健康、有序、稳定运行的保证

D. 是一国资金活动的载体

8. 下列机构属于存款类金融机构的是(　　)。

A. 投资银行　　B. 商业银行　　C. 中央银行　　D. 信用合作社

9. 现代国家金融机构体系中专业银行的类别有(　　)。

A. 进出口银行　　B. 产业银行和土地银行

C. 开发银行　　D. 商业银行

10. 保险公司的主要业务包括(　　)。

A. 给付赔偿款　　B. 为人管业,代人理财

C. 专家理财,集合投资　　D. 出售保单,收取保费

11. 分业经营体制下证券公司的主要业务包括(　　)。

A. 证券承销业务　　B. 证券经纪业务　　C. 证券自营业务　　D. 发放贷款

12. 下列属于金融信息咨询服务类机构的有(　　)。

A. 投资咨询公司　　B. 财务公司

C. 资信评估公司　　D. 投资与保险代理机构

13. 金融机构与一般经济组织的区别主要有(　　)。

A. 经营内容不同　　B. 经营对象不同

C. 经营风险及影响程度不同　　D. 经营关系不同

14. 以下机构中属于投资类金融机构的是(　　)。

A. 租赁公司　　B. 证券公司　　C. 信托投资公司　　D. 投资基金公司

15. 下列属于我国非银行金融机构的有(　　)。

A. 信托投资公司　　B. 证券公司

C. 财务公司　　D. 金融资产管理公司

16. 下列属于我国金融机构体系格局构成的是(　　)。

A. 财政部　　B. 货币当局

C. 商业银行　　D. 在华外资金融机构

17. 当前我国调整金融机构体系建设的根本原则是(　　)。

A. 混业经营　　B. 分业经营　　C. 分业监管　　D. 混业管理

四、判断题

1. 目前中国分业监管体制下的金融管理机构体系由中国人民银行、国务金融监督管理总局、中国证券监督管理委员会构成。(　)

2.1994 年后中、农、工、建四大国有商业银行向专业银行转化。(　)

3. 我国的小额贷款公司是只能在本县(市、区)行政区域内吸收存款、办理小额贷款及小企业咨询业务的金融机构。(　)

4. 商业银行的理财业务和信贷资产证券化活动体现了此类金融机构降低交易成本的功能。(　)

5. 中国证券监督管理委员会属于管理性金融机构。(　)

6. 目前中国的金融机构体系由存款类金融机构和非存款类金融机构组成。(　)

7. 我国现行分业经营、分业监管的金融机构经营管理体制。(　)

8. 亚洲基础设施投资银行的首任行长是曾担任中国财政部副部长的金人庆。(　)

9. 新中国金融机构体系的变迁在 1948—1953 年处于新型金融机构体系初步形成的阶段。(　)

10. 中国境内出现的首家真正意义的证券交易所是英商在 1905 年创立的北京证券交易所。(　)

11. 中国人最早设立的专业信托机构是 1914 年创办的滨江农产信托交易所和滨江货币信托交易所。(　)

12. 金融机构最基本的功能是创造信用与存款货币。(　)

13. 美国在 1999 年颁布的《现代金融服务法案》使其金融制度再度从全能银行制度向

分离银行制度演变。 ( )

14. 2014 年 7 月 15 日中国、巴西、俄罗斯、印度、南非在南非德班成立了非洲开发银行。 ( )

15. 金砖国家开发银行属于“概念”型的区域性国际金融机构。 ( )

16. 中央银行属于存款性公司。 ( )

17. 相较公募基金，私募基金流动性强，信息披露的要求低。 ( )

18. 对冲基金具有投资效应的低杠杆性、投资活动的简单性、筹资方式的公募性、操作的隐蔽性和灵活性等特点。 ( )

19. 依据投资风险与收益的不同，可将基金划分为股票基金、债券基金、货币市场基金、期货基金、期权基金、指数基金和认股权证基金等。 ( )

20. 中国人民银行是在 1984 年以后才专门行使中央银行职能的。 ( )

21. 金融性公司包括存款性公司和其他金融性公司。 ( )

22. 是否有助于金融机构稳健经营和提高效率是金融机构分业经营论与混业经营论争议的两个焦点。 ( )

23. 在对保险资产的投资运作上，监管部门要求保险公司必须加强投资组合管理，增加高收益资产，追求利益最大化，防止投机性投资危及保险公司自身清偿能力，损害投保人权利。 ( )

24. 其他金融性公司因业务专业化程度高，业务之间区别不大，相互之间的风险传染性也较强。 ( )

25. 金融信息咨询服务类机构的特点体现为所提供的信息产品的专业化、机构的独立性和中立性。 ( )

26. 新中国金融机构体系的变迁在 1953—1978 年处于“大一统”金融机构体系确立的阶段。 ( )

27. 因为其业务经营不以营利为目的，中国人民银行是我国的政策性金融机构。 ( )

28. 依据基金发行方式是否公开，投资基金可以分为公募基金和私募基金。 ( )

29. 金融创新使得其他金融性公司与金融市场的融合更为密切，大大拓展了其业务范围，提升了市场竞争力。 ( )

五、填空题

1. (   )是指商业贸易机构接受客户的委托，从事商品代理买卖的信托行为，它是比较古老的信托方式。

2. (   )是指经营金融委托代理业务的信托行为，它以代理他人运用资金、买卖证券，发行债券、股票，管理财产等为主要业务。

3. 保险是以社会互助的形式，对因各种(   )和(   )造成的损失进行补偿的一种方式。

4.（　　）是为投保人因意外事故或伤亡造成的经济损失提供经济保险的金融机构。

5.（　　）是对法人单位和家庭住户提供财产意外损失保险的金融机构。

6. 专业保险中介机构包括（　　）、（　　）和保险公估公司。

7.1988 年以前，我国的保险业由（　　）独家经营。

8. 证券市场机构主要包括（　　）、（　　）、证券经纪人和证券交易商。

9.（　　）是专门从事对工商业股票与债券承销和投资、代理包销，并为企业提供长期信贷业务的金融机构。

10. 1999 年 7 月 1 日正式实施的《中华人民共和国证券法》第一百一十九条明确规定国家对证券公司实行分类管理，分为（　　）和（　　）。

11. 目前有三家证券交易所，即（　　）和（　　）、（　　），它们都是不以营利为目的，为证券的集中和有组织的交易提供场所和设施，并履行相关职责，实行自律性管理的会员制事业法人。

12. 政策性金融是在一国政府的支持和鼓励下，以（　　）为基础，严格按照国家规定的范围和对象，以优惠的存贷款利率或条件，直接或间接为贯彻、配合国家特定经济和社会发展政策而进行的一种特殊性资金融通行为。

13. 1994 年我国组建了三家政策性银行：（　　）、（　　）、中国农业发展银行。

14.（　　）是指当企业需要添置某些设备而又缺乏资金时，由出租人代其购进或租进所需设备，然后再出租给承租单位使用的租赁方式。

15. 信用合作社是由个人集资联合组成，以（　　）为主要宗旨的合作金融组织。信用合作社成员之间一般具有共同联系的基础，如同属于某一社会团体、同为某一公司雇员、居住在同一地区等。

16. 在我国，财务公司是应企业集团发展之需，由企业集团（　　）入股，向社会募集中长期资金，为企业技术改造和技术进步服务的金融股份有限公司。

六、简答题

简述证券公司的主要业务。

七、案例分析题

花旗公司和旅行者集团的合并

1998 年 4 月 6 日，美国花旗银行（Citibank）的母公司花旗公司（Citicorp）和旅行者集团（Travelers Group）宣布合并，这一消息给国际金融界带来了极大的震动。这次合并之所以引人注目，不仅仅因为其涉及 1 400 亿美元资产而成为全球最大的一次合并，更重要的在于，一旦这次合并得到美国联邦储备委员会的批准，合并后的实体将成为集商业银行、投资银行和保险业务于一身的金融大超市，从而使“金融一条龙服务”的梦想成为现实。

花旗公司原为美国第一大银行，1996 年美国化学银行和大通曼哈顿银行合并后，屈居次席。旅行者集团是一家总部设在纽约的老字号保险金融服务公司，是道琼斯 30 种工业股票中的一员。旅行者集团早期以经营保险业为主，在收购丁美邦经纪公司后，其经营范围扩大到投资金融服务领域，1997 年底又以 90 多亿美元的价格兼并了所罗门兄弟公司，成立了所罗门美邦投资公司。该公司已居美国投资银行的第二位。至此，旅行者集团的业务已涉足投资服务、客户金融服务、商业信贷和财产及人寿保险业四大领域。

合并后的新公司将命名为花旗集团（Citigroup）。旅行者集团首席执行官斯坦福·韦尔和花旗公司董事长约翰·里德同时担任花旗集团董事会主席。根据协议，旅行者集团的股东将以 1 股换新公司 1 股，花旗公司的股东将以 1 股换新公司 2.5 股的方式获得新公司的股份。合并完成后，原来的两家公司各持新公司 50% 股份。根据两家公司原来的财务及业绩计算，花旗集团 1997 年的资产为 7 000 亿美元，流通股市值超过 440 亿美元，以市值而言，是全球最大的金融服务公司。花旗集团将致力于传统的商业银行业务、消费者信贷业务、信用卡业务、投资银行业务、证券经营业务、资产管理业务及地产保险和人寿保险业务等。韦尔说，花旗集团将成为一家经营全球多元化消费者金融服务的公司、一家杰出的银行、一家全球性资产管理公司、一家全球性投资银行及证券交易公司、一家具有广泛经营能力的保险公司。花旗公司和旅行者集团即将合并的消息在世界金融界引起了巨大的震动。欧洲舆论呼吁欧洲金融界尽快采取类似的兼并行动以防止美国金融界独霸全球；日本认为，花旗集团的出现使日本中小银行面临更为严峻的生存压力，同时也将冲击亚洲金融界。可以预料，花旗集团的出现将在美国乃至世界的银行与金融服务公司之间引起新一轮的兼并和合并浪潮，从而形成更多业务广泛的金融集团公司。

根据以上案例分析以下问题。

本案例中，你认为有哪些原因促使花旗公司和旅行者集团合并？

第四部分　答案解析

一、名词解释

1. 商业性金融机构：经营工商业存放款、证券发行与交易、资金管理等业务，以利润为主要经营目标的金融企业。

2 政策性金融机构：专门配合宏观经济调控，根据政策要求从事各种政策性金融活动的金融机构。

3. 区域性金融机构：成员国主要在区域内，但也有区域外国家参加，或者完全由区域内的国家组成的金融机构。

二、单选题

1-5　A B A C D　　6-10　C C A B C　　11-15　C A A D A
16-19　C A A D

三、多选题

1. ABCD	2. BC	3. AD	4. ACD	5. BD
6. ABCD	7. ABCD	8. BCD	9. ABC	10. AD
11. ABC	12. ACD	13. ABCD	14. BD	15. ABCD
16. BCD	17. BCD			

四、判断题

1-5　√ × × × ×　　6-10　√ √ × √ ×　　11-15　√ × × × √
16-20　√ × × × √　　21-25　√ √ × × √　　26-29　√ × √ √

五、填空题

1. 贸易信托
2. 金融信托
3. 自然灾害 意外事故
4. 人寿保险公司
5. 财产意外险公司
6. 保险代理公司 保险经纪公司
7. 中国人民保险公司
8. 证券公司 证券交易所
9. 证券公司
10. 综合类证券公司 经纪类证券公司
11. 深圳证券交易所 上海证券交易所 北京证券交易所
12. 国家信用
13. 国家开发银行 中国进出口银行
14. 融资租赁
15. 互助
16. 内部各成员单位

六、简答题

证券公司主要有五方面业务。

(1)为公司股票、债券的发行提供咨询和担保,并代理发行或包销。

(2)向公司融资,包括直接投资公司股票、债券和向公司提供长期信贷。

(3)直接参与公司的创建与改组活动,为公司的设立、合并、收购、调整提供投资及财务方面的咨询。

(4)从事证券的自营买卖。

(5)充当政府投资顾问,即包销本国及外国政府债券,较大的证券公司还充当国际金融顾问,为国外企业和政府机构提供国际金融市场的咨询服务。

此外,一些证券公司还从事外汇及黄金买卖;经营设备以及耐用品的租赁;提供公司股票登记与法规咨询服务;管理退休基金、投资信托和单位信托等各种投资基金;兼营一些短期贷款和其他业务。

七、案例分析题

商业银行作为金融企业,其一切经营活动的根本动机在于利润最大化,并购作为一种直接投资行为当然也不例外。在世界经济迅速走向自由化、全球化,各国金融当局日益放松管制的背景下,金融竞争空前激烈。在追逐利润的商业冲动下,商业银行为了在较短时间内提高自身竞争力,都倾向于利用并购的手段。因为通过并购,可以达到以下目的。

(1)低成本进入市场。

竞争的加剧使商业银行的传统业务规模萎缩,利润下降,迫使其积极寻求新的投资机会。业务开拓有两条途径:一是内部发展,二是并购。除了创新业务之外,银行一般都不愿意采用内部发展的办法。因为一方面市场容量有限,作为后发者难以获得优势;另一方面银行业务对技术与经验的要求甚高,而积累这种技术和经验往往需要较长时间。因此,收购一家经营目标业务的老品牌金融机构更容易让人接受,成本较低,成功的可能性更大。

(2)实现规模经济和范围经济。

一般而言,银行是具有显著规模经济效应的。并购不仅可以节省大量的技术费用和网点建设费用,取消某些重复的业务设置并相应地裁减员工,更为重要的是,银行可能获得管理上的协同效应(管理资源的充分利用)与财务上的协同效应(现金流量的充分利用),使成本收入比降低,资产回报率提高。在获取规模效应的同时,并购也使一些相关金融产品的交叉销售成为可能。商业银行为"金融百货公司"创造了更多销售机会,提高了经营效率与盈利能力,达到了范围经济的效果。

本案例即充分体现了并购的上述两个优势,并购后的花旗集团,使一些相关金融产品的交叉销售成为可能,可以充分获取范围经济和规模经济的好处。

第六章　商业银行

第一部分　本章学习目标与重难点

一、本章学习目标

掌握商业银行的概念,掌握商业银行的业务分类,理解商业银行的经营原则。

二、重难点

教学重点:商业银行的概念,商业银行的经营原则。
教学难点:商业银行的业务分类。

第二部分　本章思维导图与知识要点

一、本章思维导图

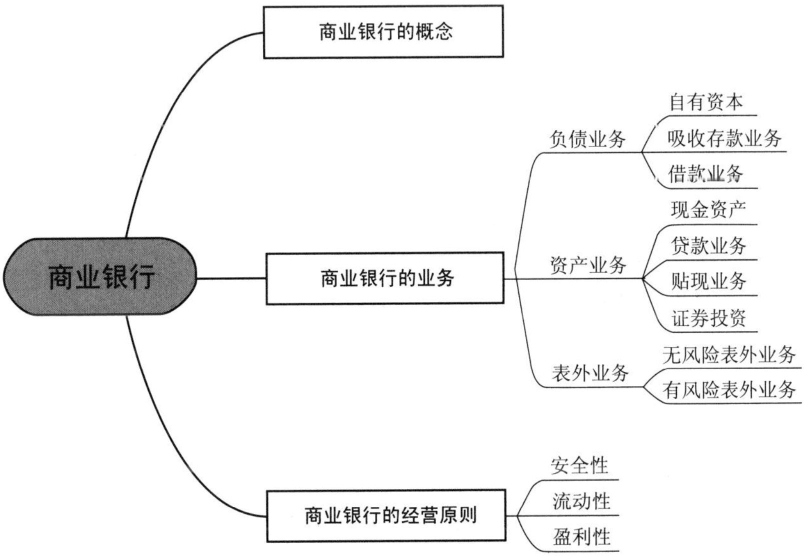

二、知识要点

(一)商业银行的概念

商业银行也称存款货币银行,是以经营存放款为主要业务,以营利为目的的综合性、多功能的信用机构。

(二)商业银行的业务

1. 负债业务——是形成商业银行资金来源的业务

1)自有资本

(1)含义及构成。

商业银行的资本是其开展各项业务活动的初始资金,简单地说,就是其开展业务活动的本钱。

(2)股本。

(3)资本盈余。

(4)未分配利润。

(5)资本公积。

2)吸收存款业务——商业银行最主要的资金来源

(1)按存款对象划分。

单位存款、储蓄存款、同业存款。

(2)按存款期限划分。

活期存款、定期存款。

(3)按来源划分。

原始存款、派生存款。

(4)按性质划分。

财政性存款、一般性存款。

3)借款业务

(1)向中央银行借款,是中央银行向商业银行提供的信用,主要有两种形式:一是再贴现,二是再贷款。

(2)同业拆借,是指金融机构之间的短期资金融通。

(3)向国际货币市场借款。

(4)发行金融债券。

2. 资产业务——运用其资金获取收益的业务

1)现金资产

不能或较少为银行带来收益,占资产比重较小。

①中央银行存款包括法定存款准备金和超额存款准备金。

②同业存款是存入其他有代理业务的银行的存款。

③托收中现金结算在途资金。

2)贷款业务——最主要的盈利资产

①贷款种类按还款保障分为信用贷款、抵押贷款、保证贷款。

②贷款种类按借款对象分为工商业贷款、农业贷款、不动产贷款和消费贷款。

③贷款种类按用途分为经营性贷款、证券经纪人贷款、消费贷款、科技开发贷款。

④贷款种类按期限分为短期贷款、中期贷款、长期贷款。

⑤贷款种类按质量分为正常贷款、关注贷款、次级贷款、可疑贷款、损失贷款。

3)贴现业务

(1)票据贴现的含义。

票据贴现指商业银行购买持票人未到期商业票据,向其融通资金的行为。

(2)贴现金额的计算。

贴现值 = 票面值 ×(1－贴现利率 × 贴现天数 /360)

贴现利息 = 面值(或到期值)× 贴现利率 × 贴现期

贴现值 = 面值 － 贴现利息

(3)贴现、转贴现、再贴现。

4)证券投资

(1)证券投资业务的含义。

商业银行的证券投资业务是指商业银行将资金用于购买有价证券的活动,主要是通过证券市场买卖股票、债券进行投资的一种方式。

(2)证券投资的作用。

商业银行的证券投资业务有分散风险、保持流动性和合理避税、提高收益等作用。

(3)证券投资的种类包括政府债券、短期票据等。

3. 表外业务

1)表外业务的含义

此类业务发生当时不会引起资产负债表项目的变化。

2)无风险表外业务——中间业务

(1)汇兑结算业务。

(2)代理业务。

(3)信托业务。

(4)咨询业务。

(5)基金托管业务。

3)有风险表外业务

(1)贷款承诺。

(2)担保。

(3)金融衍生工具。

(三)商业银行的经营原则

(1)安全性。

(2)流动性。

(3)盈利性。

第三部分 练习题

一、名词解释

1. 商业银行 2. 负债业务 3. 资产业务 4. 中间业务 5. 表外业务 6. 支票存款 7. NOW 账户 8. 储蓄 9. 储蓄存款

二、单选题

1. 下列业务中能够体现商业银行最基本属性的业务是( )。

A. 吸收存款、发放贷款　　B. 提供理财服务

C. 买卖国债　　D. 代发工资、代理缴费

2. 根据《中华人民共和国商业银行法》规定,在改革开放后逐步建立起来的我国现行的商业银行体系,目前采用的经营模式是( )。

A. 全能型　　B. 职能分工型　　C. 控股公司制　　D. 连锁银行制

3. 存款类金融机构最基本、最能反映其经营活动特征的职能是( )。

A. 风险管理　　B. 支付中介　　C. 信用中介　　D. 信息中介

4. 由于利率的波动而使商业银行蒙受损失的可能性的风险是( )。

A. 操作风险　　B. 流动性风险　　C. 市场风险　　D. 信用风险

5. 不以营利为目的,但坚持有偿借贷原则,依据国家宏观政策需要,以特定的业务领域为服务对象的金融机构是( )。

A. 城市信用社　　B. 政策性银行　　C. 商业银行　　D. 投资银行

6. 由不完善或有问题的内部程序、员工和信息科技系统以及外部事件所造成损失的风险是( )。

A. 操作风险　　B. 法律风险　　C. 信用风险　　D. 市场风险

7. 不属于政策性存款类金融机构业务运作特点的是( )。

A. 服务性　　B. 风险性　　C. 信用性　　D. 盈利性

8. 存放在中央银行和银行同业的存款是商业银行的( )。

A. 中间业务　　B. 现金资产　　C. 表外资产　　D. 信贷资产

9. 属于商业银行负债管理中主动负债的业务是( )。

A. 贷款承诺　B. 吸收存款　C. 发行债券　D. 购买国债

10. 商业银行参与信用货币创造的表述正确的是(　　)。

A. 流通中现金的创造　B. 存款货币的创造

C. 信用货币的唯一创造者　D. 基础货币的创造

11. 下列不属于我国商业银行业务范围的是(　　)。

A. 发行金融债券　B. 监管其他金融机构

C. 买卖政府债券　D. 买卖外汇

12. 商业银行的投资业务是指银行(　　)的活动。

A. 贷款　B. 购买证券　C. 投资工业企业　D. 投资房地产

三、多选题

1. 下列属于我国商业性存款类金融机构的有(　　)。

A. 中国工商银行　B. 光大银行　C. 北京银行　D. 中国人民银行

2. 商业银行的现金资产主要包括(　　)。

A. 存放在中央银行的超额准备金　B. 存放同业的款项

C. 票据贴现　D. 库存现金

3. 合作金融机构的特点包括(　　)。

A. 自愿性　B. 合作性

C. 民主性　D. 以大型企业为主要服务对象

4. 商业银行业务经营遵循的原则有(　　)。

A. 安全性　B. 流动性　C. 服务性　D. 盈利性

5. 商业银行经营管理理论中资产管理理论发展的主要阶段包括(　　)。

A. 预期收入理论　B. 价值管理理论　C. 资产组合理论　D. 可转换理论

6. 商业银行风险管理的主要内容包括(　　)。

A. 紧急救助　B. 风险控制　C. 风险衡量　D. 风险识别

7. 政策性银行资金来源主要包括(　　)。

A. 国家预算拨款　B. 发行衍生金融工具

C. 发行债券　D. 中央银行再贷款

8. 属于商业银行的中间业务的是(　　)。

A. 结算业务　B. 贷款业务　C. 信托业务　D. 代理业务

9. 商业银行具有(　　)职能。

A. 信用中介职能　B. 支付中介职能　C. 信用创造职能　D. 金融服务职能

10. 商业银行的银行资本构成包括(　　)。

A. 股本　B. 盈余　C. 债务资本　D. 储备金

11. 下列属于商业银行中间业务的有(　　)。

A. 结算业务　　B. 代理业务　　C. 信托业务　　D. 租赁业务
E. 存款业务　　F. 贷款业务

12. 商业银行的现金资产包括(　　)。

A. 库存现金　　B. 在中央银行中的存款准备金
C. 同业存款　　D. 托收过程中的资金

13. 现代商业银行的发展趋势为(　　)。

A. 银行业务全能化　　B. 金融创新不断发展
C. 银行业务经营科技化　　D. 银行业务经营证券化

14. 商业银行的职能主要有(　　)。

A. 信用中介　　B. 支付中介　　C. 信用创造　　D. 金融服务

15. 属于商业银行组织制度的有(　　)。

A. 单元银行制　　B. 总分行制　　C. 持股公司制　　D. 连锁银行制

16. 属于商业银行创新的有(　　)。

A. 新业务　　B. 新工具　　C. 新市场　　D. 新制度

17. 属于商业银行金融服务职能的有(　　)。

A. 代发工资　　B. 代收水电费　　C. 财务咨询　　D. 信托

四、判断题

1. 商业银行资本构成中普通股属于附属资本。(　　)

2. 合作金融机构、商业银行以及政策性银行在满足金融服务需求方面存在竞争关系。(　　)

3. 目前在我国非金融企业外源融资中，主要资金仍然由存款类机构提供，也由此基本可以判断我国的金融体系是以间接融资为主体的金融体系。(　　)

4. 存款类金融机构发挥其职能的必要前提是具有公信力、盈利性和信息的收集、辨识及筛选能力。(　　)

5. 政策性银行按业务领域可以划分为制造业、进出口和住房等类别的政策性银行。(　　)

6. 商业银行进行证券投资的目的主要是获取高额的投资收益。(　　)

7. 中国实现利率市场化后，商业银行要相应地加强信用风险的管理能力。(　　)

8. 商业银行业务运作偏好短存长贷符合资产负债期限的匹配，风险较小。(　　)

9. 信用合作机构是由个人集资联合组成的以互助为主要宗旨的典型的合作金融组织。(　　)

10. 依据《巴塞尔协议》，商业银行的核心资本不得低于其资本总额的 50%。(　　)

11. 16 世纪银行业已传播到欧洲其他国家，早期银行业经营的最大特点是贷款带有高利贷性质。(　　)

12. 商业银行与其他金融机构的基本区别在于商业银行是唯一吸收活期存款、开设支票存款账户的金融中介机构。（　）

13. 商业银行实行全能经营模式表现为其业务的多元经营，既可以从事存款类业务，也可以同时经营证券或保险等其他类型的业务。（　）

14. 商业银行负债管理理论的进展主要表现为主动负债业务的创新与管理。（　）

15. 管理性存款类金融机构与商业性存款类金融机构的主要区别在于是否将盈利作为其经营管理目标。（　）

五、填空题

1. 质押贷款是指按规定的质押方式以借款人或第三者的（　　）或权利作为质物而发放的贷款。

2.（　　）是指借款人的还款能力出现明显问题，依靠正常的经营收入已无法保持足额偿还本息的贷款。

3. 银行相互之间的资金融通业务被称作（　　）业务。

4. 用纸印制的货币产生于货币的（　　）职能。

5. 没有商品（劳务）同时同地与之作相向运动是货币发挥（　　）职能的特征。

6. 某贴现申请人于 2017 年 5 月 22 日持有一张面额为 500 万元的银行承兑汇票到其开户银行申请贴现，票据到期日是 2017 年 7 月 28 日。假设银行年贴现率是 4.8%，则该业务产生的贴现利息是（　　）万元（计算结果四舍五入，小数点后保留 2 位小数）。

7. 某票据期限 6 个月，面值 1 万元，贴现率 9%，公司持有 2 个月后贴现，贴现额为（　　）元。

8. 某客户 4 月 1 日持有银行承兑汇票到商业银行进行贴现，出票日为 3 月 20 日，到期日为 5 月 22 日，则贴现天数为（　　）天。

9.（　　）业务是商业银行最基础、最主要的业务。

10.（　　）是最具完全意义上的银行自有资本。

11.（　　）是核心资本的补充，由未公开储备、重估储备、普通准备金、混合资本工具和长期附属债务组成。

12. 1988 年 7 月通过的《巴塞尔协议》规定了衡量国际银行业资本充足率的指标目标比率确定为（　　），其中核心资本充足率（即核心资本与风险资产的比率）不得低于（　　）。

13.（　　）是商业银行负债业务中最重要的业务，也是商业银行最主要的资金来源。

14. 储蓄存款是指为（　　）积蓄货币资产和获取利息收入而设立的一种存款。

15.（　　）资金主要用于满足日常性的资金周转需要。

16.（　　）是指商业银行将持有的有价证券暂时出售给其他金融机构，并约定在今后某一日期，以约定的价格再购回其所出售的有价证券的一种协议。

17.（　　）是商业银行中最富有流动性的资产，是商业银行的一线准备。

18. 商业银行存放在中央银行的存款准备金由两部分组成：一部分是法定存款准备金，另一部分是(　　)。

19. 贷款按质量和风险程度划分，可分为(　　)、关注贷款、次级贷款、可疑贷款和(　　)。

20. (　　)是指商业银行不用或较少运用自己的资金，以中间人的身份代客户办理收付和其他委托事项，提供各类金融服务并收取手续费的业务。

21. (　　)、(　　)、(　　)是商业银行在业务经营过程中，必须始终坚持的三条基本原则。

22. 从历史上看，商业银行是遵循两种模式发展起来的，即(　　)和(　　)。

六、简答题

1. 简述商业银行的性质，它与其他金融机构有何区别？
2. 简述商业银行经营的原则。
3. 怎样理解商业银行是一个特殊的企业？
4. 简述商业银行的职能。
5. 简述商业银行的信用创造职能。

七、论述题

1. 结合实际，谈谈如何有效协调商业银行经营“三性”原则的关系？
2. 怎样理解混业经营与分业经营？

八、案例分析题

(一)案例一

商业银行是商品经济发展到一定阶段的必然产物，并随着商品经济的发展不断完善，其产生与货币兑换、保管、借贷是分不开的。随着国际贸易的发展、银行业竞争的加剧以及高科技的迅猛发展，银行业的业务经营趋于自动化、信息化和网络化，而金融创新又有别于以往的新业务、新技术、新工具、新机构、新市场、新制度等。根据以上材料回答下面的问题。

1. 我国商业银行业务中的定期存款业务不包括(　　)。

A. 整存整取　　B. 整存零取　　C. 存本取息　　D. 活期存款

2. 就组织形式来说，中国银行股份有限公司主要实行(　　)。

A. 单元银行制度　　B. 总分行制度　　C. 代理行制度　　D. 连锁公司制度

3. 按规定的方式以借款人或第三者的动产或权利作为还款保障而发放的贷款称为

(　　)。

A. 信用贷款　　B. 抵押贷款　　C. 质押贷款　　D. 保证贷款

4. 根据以上资料分析，商业银行作为受托人接受客户委托，代为经营、管理或处理有关受托的资财或其他事项，为其谋取利益的业务是(　　)。

A. 票据　　B. 贴现　　C. 信托　　D. 委托

5. 下列商业银行的经营原则中，哪一项体现其控制风险、弥补损失、保证银行稳健经营的能力(　　)。

A. 流动性　　B. 安全性　　C. 盈利性　　D. 波动性

(二)案例二

国有商业银行，是指由国家(财政部、中央汇金公司)直接管控的大型商业银行，包括中国工商银行、中国农业银行、中国银行、中国建设银行、交通银行、中国邮政储蓄银行。

中国工商银行是中央管理的大型国有银行，也是中国四大银行之一，拥有中国最大的客户群，是中国最大的商业银行之一，也是世界五百强企业之一。中国农业银行是中央管理的大型国有银行，也是中国四大银行之一。交通银行是中国近代以来延续历史最悠久的银行之一，也是近代中国的发钞行之一。1986 年，国务院批准重新组建交通银行。1987 年 4 月 1 日，重新组建后的交通银行正式对外营业，成为中国第一家全国性的国有股份制商业银行。中国邮政储蓄银行是中国第五大银行，是在改革邮政储蓄管理体制的基础上组建的国有商业银行。中国邮政储蓄银行承继原国家邮政局、中国邮政集团公司经营的邮政金融业务及因此而形成的资产和负债，并将继续从事原经营范围和业务许可文件批准、核准的业务。

根据以上材料回答下面的问题。

1. 商业银行最基本、最能说明其经济活动特征的职能是(　　)。

A. 充当国家的银行　　B. 充当银行的银行

C. 充当最后贷款者　　D. 充当信用中介

2. 商业银行作为信用中介，其基本业务是(　　)。

A. 汇兑结算业务　　B. 承兑业务　　C. 信托业务　　D. 信用业务

3. 商业银行经营管理的原则是(　　)。

A. 政策性　　B. 安全性　　C. 盈利性　　D. 宏观性

(三)案例三

某镇政府为了加速经济发展，决定再上一个投资 5 000 万元的大项目，可是资金不足，该镇镇长找到当地中国农业银行，希望给予贷款。银行行长没有表态，因为该镇政府前几年搞了几个工程项目都没成功，欠银行几千万元贷款无力偿还，可该镇镇长却对行长再次表示：“反正银行的钱就是国家的钱，不用白不用，再说，即使损失了，银行多印些票子就行了。”针对上述情况，结合商业银行和中央银行的相关理论回答下面的问题。

1. 你认为银行行长应如何答复？

2. 请说明这样答复的理由。

（四）案例四

美国伊利诺伊银行

美国伊利诺伊银行（Continental Illinois Bank）是20世纪80年代美国一家经营实力很强的商业银行，1984年时已拥有400多亿美元的资产。20世纪70年代中期，美国房地产行业不景气，不少银行损失惨重，可由于伊利诺伊银行当时发放房地产贷款较少，因而是全美账面盈利最好的商业银行之一。为此，这家银行曾于1978年当选为美国五家最佳管理企业之一。这家银行主要从事批发业务，即其贷款对象主要是大公司，其贷款的来源是没有保险的大额公司存款和存单、欧洲美元和附属债务等形式的资金。20世纪70年代末至80年代初，该银行的管理层实施了错误的公司战略，正是这一错误战略导致银行走上了破产之路。当时管理层宣布，银行的目标是成为对美国工商业的最大贷款者。这就意味着它开始要从其他银行，如美洲银行、花旗银行、摩根大通银行，以及它的竞争对手芝加哥第一国民银行手中夺取业务份额。

为了迅速扩大市场份额，该银行取消了原先贷款必须通过信贷委员会审批的程序，并扩大了信贷员的贷款权限。1981年，该银行工商贷款余额达143亿美元，约是1974年49亿美元的3倍。同年，美联储稽核局官员在检查中发现，这家银行能源贷款占工商贷款余额的47%，占贷款总余额的20%。其中375笔余额达24亿美元的贷款，已经有两年没有做过贷后检查了。

20世纪80年代初期，美国能源业蓬勃发展，对石油开采和生产的贷款需求旺盛。该银行的一些官员与俄克拉荷马州某产油区的一家小银行建立了密切的工作关系。伊利诺伊银行以为，俄州这家银行通晓关于石油贷款的一切事项，于是居然同意买进后者不能维持的银行贷款。伊利诺伊银行还超越自己法定贷款限制参与其他银行的贷款业务。当俄州这家银行因坏账损失而倒闭时，伊利诺伊银行的麻烦开始凸显。1982年8月，全球性能源危机爆发。由于伊利诺伊银行的能源贷款主要发放给一些实力不强、信用不高的客户，此后不久就全部变成了呆滞贷款。另外，由于伊利诺伊银行的资金来源并非以吸收储蓄存款为主，而是靠同业拆借，因而其资本充足率也存在着严重问题。

1984年5月8日，两家日本报纸报道了一则虚假新闻，说伊利诺伊银行已接近破产，于是在24小时之内，国内外以往与之有同业往来的银行，几乎同时中断了与它的资金拆借业务。虚假新闻报道60天后，因储蓄存款流失100亿美元，伊利诺伊银行走到了“山穷水尽”的境地。

伊利诺伊银行发生流动性危机后，美国银行监管当局认为，让伊利诺伊这样的大银行倒闭会拖累一大批企业，甚至会严重威胁整个银行体系的稳定，因此决定对该银行予以挽救。1984年7月26日，美联储和伊利诺伊银行董事会经讨论，共同提出了一个解决危机、重组伊利诺伊银行的方案。9月26日，伊利诺伊银行股东大会批准了这个方案。根据这一方案，政府当局除了出资救助以外，还出面组织美国联邦存款保险公司和28家银行联合向该行注入20亿美元资本金。该计划通过一系列复杂的交易使美国联邦存款保险公司成为该行的所有者,伊利诺伊银行已基本被国有化了。

1985—1986年,伊利诺伊银行的报表上出现了盈利。1986年底,美国联邦存款保险公司制订一项出售伊利诺斯银行股票的计划,从而使该银行重新成为私有制银行。

根据案例回答如下问题。

(1)针对伊利诺伊银行的流动性危机,美国银行监管当局为什么不让它倒闭,而要出面解救?这体现出商业银行的什么性质?

(2)伊利诺伊银行出现经营危机的原因是什么?对商业银行经营管理有何启示?

(五)案例五

巴林银行的破产

巴林银行集团(以下简称巴林银行)是英国伦敦历史悠久、名声显赫的商人银行集团,素以发展稳健、信誉良好而驰名,其客户也多为显贵阶层,包括英国女王伊丽莎白二世。巴林银行成立于1762年,当初仅是一个小小的家族银行,逐步发展成为一个业务全面的银行集团。巴林银行的业务专长是企业融资和投资管理,业务网络点主要在亚洲及拉美新兴国家和地区,在中国上海也设有办事处。1993年底,巴林银行的全部资产总额为59亿英镑,1994年税前利润高达1.5亿美元。1995年2月26日,巴林银行因遭受巨额损失,无力继续经营而宣布破产。从此,这个有着233年经营史和良好业绩的老牌商业银行在伦敦乃至全球金融界消失。目前该银行已由荷兰国际银行保险集团接管。

巴林银行破产的直接原因是新加坡巴林公司期货经理尼克·里森错误地判断了日本股市的走向。1995年1月,里森看好日本股市,分别在东京和大阪等地买了大量期货合同,指望在日经指数上升时赚取大额利润。谁知天有不测风云,日本阪神地震使日本股市的回升势头无望,股价持续下跌。巴林银行损失金额高达14亿美元,而其自有资产只有几亿美元,巨额亏损难以抵补,这座曾经辉煌的金融大厦就这样倒塌了。那么,由里森操纵的这笔金融衍生产品交易为何在短期内便摧毁了整个巴林银行呢?我们首先需要对金融衍产品(亦称金融派生产品)有一个正确的了解。金融衍生产品包括一系列金融工具和手段,买卖期权、期货交易等都可以归为此类。具体操作起来,又可分为远期合约、远期固定合约、远期合约选择权等。这类衍生产品可对有形产品进行交易,如石油、金属、原料等,也可对金融产品进行交易,如货币、利率以及股票指数等。从理论上讲,金融衍生产品并不会增加市场风险,若能恰当地运用,比如利用它套期保值,可为投资者提供一个有效的降低风险的对冲方法。但其具有积极作用的同时,也有其致命的弱点,即在特定的交易过程中,投资者纯粹以买卖图利为目的,垫付少量的保证金炒买炒卖大额合约来获得丰厚的利润,而往往无视交易潜在的风险,如果控制不当,那么这种投机行为就会招致不可估量的损失。

新加坡巴林公司的里森,正是对衍生产品操作无度才毁灭了巴林银行。里森在整个交易过程中一味盼望赚钱,在已遭受重大亏损时仍孤注一掷,增加购买量,对于交易中潜在的风险熟视无睹,结果使巴林银行成为金融衍生产品的牺牲品。

巴林银行破产事件提醒人们加强内部管理的重要性和必要性。合理运用金融衍生产品,建立风险防范措施。随着国际金融业的迅速发展,金融衍生产品日益成为银行、金融机构及证券公司投资组合中的重要组成部分。因此,凡从事金融衍生产品业务的银行应在交易活动中制定一套完善的内部管理措施,包括交易头寸(指银行和金融机构可动用的款项)的限额、止损的限制、内部监督与稽核。扩大银行资本,进行多方位经营。随着国际金融市场规模的日益扩大和形势的复杂化,资本活动的不确定性也愈发突出。作为一个现代化的银行集团,应努力扩大自己的资本,进行多方位经营,选择合理的投资组合,不断拓展自己的业务领域,这样才能加大银行自身的安全系数并不断盈利。

根据案例回答如下问题。

简述商业银行的经营管理原则及其相互关系?

第四部分　答案解析

一、名词解释

1. 商业银行:是以追求利润最大化为目标,以多种金融负债筹集资金,以多种金融资产为其经营对象,能将部分负债作为货币流通,同时可进行信用创造,并向客户提供多功能、综合性服务的金融企业。

2. 负债业务:是商业银行在经营活动中尚未偿还的经济业务,该业务是商业银行借以形成资金来源的业务。

3. 资产业务:是商业银行将通过负债所聚集的货币资金加以运用的业务,是其取得收益的主要途径。

4. 中间业务:是银行接受客户委托,为客户提供各种服务,收取佣金、手续费、管理费等费用的一种业务。

5. 表外业务:是指所有不在银行资产负债表内直接反映的业务。

6. 支票存款:是银行流动性最高的一项负债,其所有者可以随时要求提取账户中的余额,也可以向第三者开出支票,由第三者凭支票到开户银行要求付款。

7. NOW 账户:以支付命令书取代了支票,实际上是一种不使用支票的支票账户。开立 NOW 账户的存户,可以随时开出支付命令书,或直接提现,或直接向第三者支付,对其存款余额可取的利息收入。该账户推出的目的是避开不能对活期存款支付利息的限制。

8. 储蓄:广义的储蓄是指政府、企业和居民个人的所有货币收入扣除各项生产性和消费性支出后的剩余部分;狭义的储蓄指储蓄存款。

9. 储蓄存款:在中国专指居民个人在银行的存款,是银行负债的一个重要组成部分。

二、单选题

1-5　A B C C B　　6-10　A D B C B　　11-12　B B

三、多选题

1. ABC	2. ABD	3. ABC	4. ABD	5. AD
6. BCD	7. ACD	8. ACD	9. ABCD	10. ABCD
11. ABCD	12. ABCD	13. ABCD	14. ABCD	15. ABCD
16. ABCD	17. ABCD			

四、判断题

1-5　× × √ × ×　　6-10　× × × √ √　　11-15　√ √ √ √ √

五、填空题

1. 动产
2. 次级贷款
3. 同业拆借
4. 流通手段
5. 支付手段
6. 4.47
7. 9 700
8. 51
9. 负债
10. 核心资本
11. 附属资本
12. 8% 4%
13. 存款
14. 居民个人
15. 同业拆借
16. 回购协议
17. 现金资产
18. 超额准备金
19. 正常贷款 损失贷款

20. 中间业务
21. 安全性 流动性 盈利性
22. 传统式的英国模式 综合式的德国模式

六、简答题

1. 商业银行是以追求利润最大化为目标,以多种金融负债筹集资金,以多种金融资产为其经营对象,能将部分负债作为货币流通,同时可进行信用创造,并向客户提供多功能、综合性服务的金融企业。首先,商业银行具有一般企业的特征。其次,商业银行又不是一般的企业,而是经营货币资金、提供金融服务的企业,是一种特殊的企业。再次,商业银行也不同于其他金融机构。①不同于中央银行。商业银行为工商企业、公众及政府提供金融服务;而中央银行只向政府和金融机构提供服务,创造基础货币,并承担制定货币政策职能。②不同于其他金融机构。商业银行能提供全面的金融服务并吸收活期存款;其他金融机构不能吸收活期存款,只能提供某一个方面或某几个方面的金融服务。

2. 商业银行经营的原则包括流动性原则、安全性原则和盈利性原则。

(1)商业银行的流动性原则是指银行具有随时以适当的价格取得可用资金,随时满足存款人提取存款和满足客户合理的贷款需求的能力。

(2)安全性原则是指银行具有控制风险、弥补损失、保证银行稳健经营的能力。

(3)盈利性原则是指商业银行在稳健经营的前提下,尽可能提高银行盈利能力,力求获得最大利润,以实现银行的价值最大化目标。

3. 商业银行是以获取利润为经营目标,以多种金融资产和金融负债为经营对象,具有综合性服务功能的金融企业。

首先,商业银行具备一般企业的基本特征。商业银行和一般工商企业一样,拥有业务经营所必需的自有资本,实行独立核算、自主经营、自负盈亏,其一切经营活动都是以追求利润最大化为目标的。

其次,商业银行又不是一般的企业,还是经营金融业务的特殊企业。它比其他企业具有更广泛的社会联系,在社会再生产中处于特殊地位,发挥着其他工商企业无法比拟的特殊作用。

4. 商业银行的职能是由商业银行的性质所决定的,是商业银行性质的具体表现。商业银行作为特殊的金融企业,具有信用中介、支付中介、信用创造、金融服务等四大职能。

(1)信用中介职能。

商业银行的信用中介职能,是指商业银行通过负债业务把社会上各种暂时闲置的资金聚集起来,再通过资产业务,把资金投放到社会再生产的各个需要资金的部门和企业中去,即充当借贷双方的中间人。信用中介职能是商业银行最基本的、最首要的,也是最能反映商业银行经营特性的职能。

（2）支付中介职能。

商业银行的支付中介职能，是指商业银行借助为客户开设的账户，充当客户之间货币收付与结算的中间人，成为客户的现金出纳员和保管者，并从中赚取手续费。商业银行的支付中介职能是建立在信用中介职能基础上的。商业银行发挥支付中介职能，可以大大减少现金的使用，节约社会的流通费用，缩短资金的结算周期和加速货币资金的周转，促进了社会经济的发展和效率的提高。

（3）信用创造职能。

商业银行的信用创造职能是在信用中介和支付中介职能基础之上产生的，商业银行的信用创造职能进一步促进了社会闲置资金的利用，有益于社会经济的发展，同时，商业银行的信用创造职能又是中央银行通过控制派生存款，进而有效调控金融与经济的重要手段。

（4）金融服务职能。

现代商业银行作为综合性、多功能的金融企业，是金融的"百货公司"，可以为社会公众提供多样化的金融服务，提供金融服务已经成为现代商业银行的一个重要功能。

5. 商业银行的信用创造职能是在信用中介和支付中介职能基础之上产生的，具体包括两个方面：一方面，是商业银行可以创造各种信用工具，如银行券、存款货币等；另一方面，是商业银行对信用量的创造。在部分准备金制度下，商业银行可以用吸收的存款发放贷款，在非现金结算的条件下，贷款又可以转化为存款。如此循环往复，商业银行就可以创造出数倍于原始存款的派生存款，从而扩大货币供应量，扩大信贷规模。商业银行的信用创造职能进一步促进了社会闲置资金的利用，有益于社会经济的发展。

七、论述题

1. 商业银行经营"三性"原则，即安全性、流动性、盈利性，应有效协调这三个原则之间的关系。

首先，银行必须保证本金的安全，不能让本金流失或损失，这就要求银行要经得起重大风险和损失，在经营活动中，必须保持足够的清偿力，能随时满足客户的提存需求。主要措施有：①提高资本充足率；②合理安排资金规模和结构；③必须遵纪守法，合法经营。

其次，借贷资本运用所形成的资产，必须有足够的流动性。流动性原则要求商业银行能迅速获得现实购买力，即保证随时可以以适当的价格取得可用资金，满足客户提存及银行支付的需要。

最后，资本的运动必须在保证本金安全的基础上，给银行带来利润，获得增值。作为商业银行经营活动的最终目标，盈利性原则要求商业银行的经营管理，尽可能追求利润最大化。

"三性"原则体现了商业银行自身微观效益和宏观经济效益相一致的要求。这些原则又存在一定的矛盾。例如实现盈利性目标要求商业银行尽可能减少现金资产，而实现安全性原则和流动性原则又要求商业银行减少高风险高盈利资产，扩大现金资产。因此有必要全面衡量安全性、盈利性、流动性,对资金来源和资产规模进行搭配,并且首先考虑安全性,在保证金安全性的前提下,争取利润最大化。

2. 混业经营,是指商业银行可以从事所有的金融业务;分业经营,是指把金融业务分为银行、证券、保险和信托投资等业务,各业务不得交叉。

选择分业经营还是混业经营形式,是权衡各方面因素利弊的结果。考虑的出发点是该形式能否更好地发挥金融业的整体效益,能否更有效地防范金融风险。

分业经营在商业银行与投资银行之间竖立起了一堵不可跨越的“防火墙”,使银行通过持有企业的股票从而结成利益共同体的可能性几乎为零。分业经营适合金融监管体系不够健全、金融法规制度不够完善、金融监管技术手段和监管能力处于较低水平的情况。不过,从金融业发展的总体态势来看,分业经营是一种需要政府立法推动的“逆势”变迁。

金融业由分而合的根本原因是市场利益的驱动。混业经营的制度优势主要体现在:能加强金融业的竞争,有利于优胜劣汰和提高效益,促进社会总效用的提升。混业经营使并购后的金融行业拓展了规模边界,更好地发挥技术优势,扩大同质性产品或服务的提供,实现规模效益。混业经营可以整合利用商业银行、投资银行、保险公司等的有限资源,形成信息共享、损益互补机制,取得范围经济的合成效应。

在全球经济一体化、金融市场国际化的当代中国进行制度创新,既要尊重历史、遵循客观规律,也要面对现实、不囿于惯例,要实现从分业经营向混业经营的平稳过渡。

八、案例分析题

(一)案例一

1-5 B B C C B

(二)案例二

1-3 D D C

(三)案例三

(1)银行行长应拒绝给予贷款。

(2)理由如下。

①中国农业银行属于商业银行,它是以追求利润最大化为主要经营目标的企业法人。没有利润,银行就无法运营。该镇政府尚拖欠银行几千万元贷款无力偿还,又想再贷 5 000 万元上新项目,这不符合银行贷款原则,所以中国农业银行拒绝贷款是正确的。

②中国农业银行的信贷资金的主要来源之一是居民的储蓄存款,企业单位从银行贷款,是对银行的负债,要偿还利息;银行吸收存款,又是对储户的负债,同样也要付出利息。

③居民把钱存入银行,是出于对银行的信任。假如借款的企业单位失信,向银行贷款而不按期还本付息,银行就不能正常运作。长期下去银行就会倒闭,居民的利益就会受到

损害。

④在我国,银行作为信贷中心、转账结算中心和现金出纳中心,是资金活动的中枢神经,对整个国民经济的发展具有重大作用。从总体上说,银行资金的支出要从国民经济的总体出发,保证国民经济持续、快速、稳定发展,不是某个企业可以随便乱花的。

⑤中国人民银行是唯一的货币发行银行,而中国农业银行是商业银行,无货币发行权。银行发行的货币量必须与流通中所需的货币量相一致,不能乱发。纸币发多了,会引起通货膨胀。镇长的说法是缺乏金融常识的表现,是十分错误的。

(四)案例四

伊利诺伊银行出现经营危机的原因与该行管理层错误的战略有关。该银行管理层在对银行的管理中,不顾银行经营的安全性,盲目追求市场份额的扩大,为了扩大银行资产规模、提高盈利能力,在管理中,取消了贷款审批和贷后检查的必要程序,扩大信贷员的贷款权限,将大量贷款贷放给信用不高的客户等,这一系列做法忽略了商业银行经营的安全性和流动性原则,最终导致该银行出现了经营危机。

对商业银行经营管理的启示:流动性原则、安全性原则和盈利性原则是商业银行在业务经营活动中必须遵循的三大原则。商业银行在业务经营管理中,要实现三者的协调,在保证安全性和流动性的前提下,追求利润最大化。商业银行的经营管理要从自身实际出发,统筹兼顾、权衡利害、协调安排,不能顾此失彼,应通过多样化的金融组合,寻求最佳的均衡点。

(五)案例五

安全性原则是商业银行经营管理的基础,是商业银行拥有的负债、资产、经营环境及经营条件免遭损失的能力。

流动性原则是商业银行将其他资产转化成现金的能力,是商业银行经营管理的手段。商业银行的经营性质决定了它必须具有流动性以免陷入经营的困境。

盈利性原则是商业银行获取利润的能力,是商业银行经营管理的目标。商业银行作为经营性的企业,获取利润既是其最终的目标,又是其生存的必要条件。

安全性原则、流动性原则及盈利性原则之间的关系。

这三个原则又经常被称为商业银行经营管理的“三性”原则,它们之间存在既矛盾又协调统一的关系。

首先,这三个原则之间是矛盾的。一般而言,安全性越高,则其盈利性越低;而安全性越低,则盈利性越高。长期贷款相对短期贷款而言,其安全性较低,但利率相对要高些,这是因为银行承担了更多的风险,就要用更多的收益来补偿。同样,如表外业务相对代理、结算等狭义的中间业务而言,风险较大,安全性低,但收取的手续费却相对高些。另外,流动性与盈利性之间也存在矛盾关系。这一种矛盾关系与安全性与盈利性的矛盾关系相似。一般而言,流动性强的资产(如库存现金、国债投资、短期贷款等),其收益性相对流动性弱的资产(如长期贷款、长期投资等)要低些。

其次,这三个原则之间又是协调统一的。安全性、流动性是盈利性的前提。商业银行所处的行业是高风险的行业，若不注重安全性，就可能会导致银行倒闭。若商业银行片面追求利润最大化，大量的资金都用在高风险、低流动性的资产上，非常有可能使银行资金周转出现困难，进而使银行出现支付危机，最终导致银行的倒闭。因此，只有在充分实现安全性、流动性的前提下，商业银行才有可能保证利润性。当然，安全性、流动性不是最终目标，盈利性才是最终目标。商业银行也不能片面追求安全性、流动性，如果银行没有盈利，或盈利水平远远低于行业平均水平，那么投资者就不会投资该银行的股票，银行得不到发展，存款人也会对银行失去信心，最终导致银行资金来源不足，出现流动性问题和安全性问题。因此，“三性”原则是有机的统一体，商业银行只有充分兼顾这三个原则，才能得到良好的发展。

第七章　中央银行与金融监管

第一部分　本章学习目标与重难点

一、本章学习目标

了解中央银行产生的客观原因;理解中央银行的性质与特点;掌握中央银行的职能;理解中央银行的业务。

二、重难点

重点:中央银行的性质与职能;中央银行的业务。

难点:中央银行的业务。

第二部分　本章思维导图与知识要点

一、本章思维导图

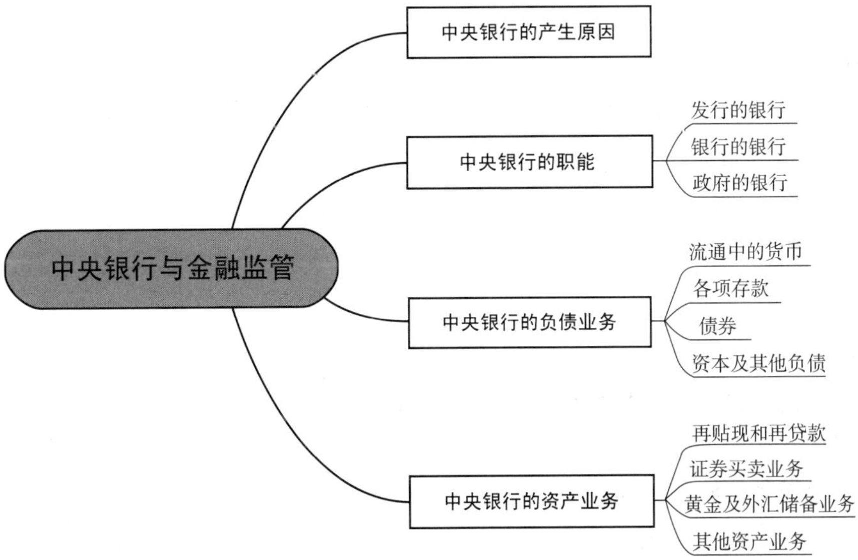

二、知识要点

(一)中央银行的产生原因

1. 中央银行的概念

中央银行是居于一国金融体系核心领导地位,负责制定和执行国家金融政策,调节货币流通及信用活动的金融管理机构。

2. 中央银行产生的客观必要性

(1)统一银行券发行的需要。

(2)统一票据清算的需要。

(3)政府融资的需要。

(4)充当最后贷款人的需要。

(5)金融监管的需要。

(二)中央银行的职能

(1)发行的银行。

(2)银行的银行。

(3)政府的银行。

(三)中央银行的负债业务

1. 含义

中央银行的负债业务指金融机构、政府、个人和其他部门持有的对中央银行的债权,即形成中央银行资金来源的业务。

2. 内容

(1)流通中的货币。

(2)各项存款。

(3)债券。

(4)资本及其他负债(指中央银行资产负债表中未列出的各种负债项目)。

(四)中央银行的资产业务

1. 含义

中央银行的资产业务是指中央银行在一定时点上所拥有的各种债权,即中央银行运用资金的业务。

2. 内容

(1)再贴现和再贷款(对政府及金融机构的债权)。

(2)证券买卖业务。

(3)黄金及外汇储备业务。

(4)其他资产业务。

第三部分　练习题

一、名词解释

1. 中央银行　2. 银行券　3. 再贷款　4. 再贴现　5. 清算业务

二、单选题

1. 世界上最早形成的现代中央银行是(　　)。
A. 瑞典银行　B. 英格兰银行　C. 荷兰银行　D. 芬兰银行
2. 美国联邦储备体系建立于(　　)。
A. 1636 年　B. 1694 年　C. 1913 年　D. 1933 年
3. 中国人民银行组建于(　　)。
A. 1905 年　B. 1908 年　C. 1928 年　D. 1948 年
4. 我国对银行业的监管职能正式从中央银行分离出来的时间是(　　)。
A. 1995 年　B. 1998 年　C. 2003 年　D. 2011 年
5.《中华人民共和国中国人民银行法》颁布的时间是(　　)。
A. 1986 年 1 月　B. 1992 年 2 月　C. 1995 年 3 月　D. 1998 年 10 月
6. 中央银行可以开展的业务是(　　)。
A. 为企业担保　B. 向消费者发放贷款
C. 办理再贴现　D. 动产买卖
7. 全球大多数国家或地区的中央银行都采用的是(　　)。
A. 一元中央银行制　B. 复合中央银行制
C. 跨国中央银行制　D. 准中央银行制
8. 美国联邦储备体系采用的中央银行制度是(　　)。
A. 一元中央银行制　B. 二元中央银行制　C. 复合中央银行制　D. 准中央银行制
9. 中国人民银行在 1983 年以前采用的是(　　)。
A. 单一中央银行制　B. 复合中央银行制　C. 跨国中央银行制　D. 准中央银行制
10. 从广义而言,再贴现属于中央银行的(　　)。
A. 贷款业务范畴　B. 存款业务范畴　C. 中间业务范畴　D. 代理业务范畴
11. 中央银行贷款业务与商业银行贷款业务最大的不同在于(　　)。
A. 贷款期限　B. 贷款资金规模　C. 贷前调查　D. 不以营利为目的
12. 中央银行进行证券买卖的目的是(　　)。
A. 调节基础货币　B. 储备资产　C. 调控市场　D. 获取收益

13. 再贴现业务从本质上讲，是中央银行向商业银行发放的(　　)。

A. 信用贷款　B. 抵押贷款　C. 质押贷款　D. 保证贷款

14. 中央银行发行债券的原因的是(　　)。

A. 融资　B. 投资　C. 调节基础货币　D. 控制信贷规模

15. 中国人民银行资本结构形式是(　　)。

A. 国家所有制　B. 集体所有制　C. 多国所有制　D. 无资本形式

16. 作为金融企业的最后贷款人的机构是(　　)。

A. 中央银行　B. 政策性银行　C. 投资银行　D. 财政部

17. 欧洲中央银行是典型的跨国中央银行，它成立于 1998 年 7 月，其总部在(　　)。

A. 美国纽约　B. 瑞典斯德哥尔摩　C. 希腊雅典　D. 德国法兰克福

18. 香港作为准中央银行制最为典型的地区之一，其货币发行不集中在金融管理局，而由商业银行代理发行，不能发行港币的是(　　)。

A. 渣打银行　B. 汇丰银行　C. 中银银行　D. 花旗银行

19. 下列不属于中国人民银行具体职责的是(　　)。

A. 发行人民币　B. 给企业发放贷款　C. 管理国库　D. 审批金融机构

三、多选题

1. 在我国现有的商业银行中，曾经履行过中央银行职能的是(　　)。

A. 中国工商银行　B. 中国农业银行　C. 中国银行　D. 中国建设银行

E. 交通银行

2. 中央银行特有的权利是(　　)。

A. 垄断货币发行　B. 管理货币流通　C. 管理国家外汇储备　D. 经理国库

E. 金融行业统计分析

3. 中央银行为商业银行或金融机构充当最后贷款人的途径有(　　)。

A. 票据再贴现　B. 再贷款　C. 提供担保　D. 金融检查

E. 窗口指导

4. 采用准中央银行制的国家或地区有(　　)。

A. 苏联　B. 新加坡　C. 香港　D. 沙特阿拉伯

E. 泰国

5. 采用跨国中央银行制的国家或地区有(　　)。

A. 欧元区　B. 西非地区　C. 中非地区　D. 东加勒比海地区

E. 东亚地区

6. 中央银行存款来自(　　)。

A. 商业银行　B. 外国政府　C. 证券公司　D. 城乡居民

E. 工商企业

7. 中央银行的资本来自(　　)。

A. 中央政府　B. 地方政府　C. 国有金融机构　D. 私人银行

E. 居民

8. 中央银行储备黄金和外汇的原因是(　　)。

A. 稳定币值　B. 稳定汇价

C. 调节国际收支　D. 增强国际支付能力

E. 减少财政赤字

9. 中国人民银行的支付清算系统一般包括(　　)。

A. 票据交换系统　B. 全国电子联行系统

C. 电子资金汇兑系统　D. 银行卡支付系统

E. 中国现代化支付系统

10. 金融机构向中国人民银行申请贷款的必备条件是(　　)。

A. 属于中国人民银行的贷款对象　B. 信贷资金营运基本正常

C. 还款资金来源有保障　D. 有资产作抵押

E. 承诺支付相应的利息

11. 中央银行的职能包括(　　)。

A. 发行的银行　B. 银行的银行　C. 政府的银行　D. 世界的银行

12. 中央银行的作用有(　　)。

A. 稳定货币与稳定经济　B. 调节信用与调节经济

C. 集中清算,加速资金周转　D. 开展国际金融的合作与交流

四、判断题

1. 世界上最早的中央银行是瑞典银行。(　)

2. 联邦储备银行是联邦储备体系的业务机构,是区域性的中央银行,也是联邦储备体系的重要组成部分。(　)

3. 中央银行从性质上看与其他商业银行无本质区别。(　)

4. 政府的银行是中央银行最基本、最重要的标准,中央银行首先应是政府的银行。(　)

5. 中央银行在货币发行时要坚持财政发行,防止经济发行。(　)

6. 货币发行与集中保管商业银行存款准备金都属于中央银行的负债业务。(　)

7. 中央银行是不以营利为目的的金融管理部门,按照自愿、有偿的原则吸收法定存款准备金。(　)

8. 当金融市场资金过剩时,中央银行可以通过买进有价证券,达到减少货币供给的目的。(　)

9. 中央银行办理再贴现业务是已经到期的票据。(　)

10. 货币发行权高度集中于中央银行体现了货币发行的信用保证原则。(　)

11. 坚持货币的经济发行是指货币发行必须以黄金、外汇和实物为发行保证。 ( )

12. 中央银行的资产流动性比商业银行强。 ( )

13. 我国中央银行设立的发行基金是指经由发行库并已进入业务库的人民币票券。 ( )

14. 中央银行清算业务源于其作为政府的银行的职能。 ( )

五、填空题

1. 中国人民银行的全部资本由(　　)出资。

2.《巴塞尔协议》是以(　　)为核心的风险资产管理模式。

3. 储备货币在中央银行资产负债表上属于(　　)一栏。

4. 当商业银行和其他金融机构发生资金短缺或周转不灵时,中央银行充当(　　)为商业银行提供信贷。

5. 在中央银行资产项目的变动中,导致准备金减少的是(　　)。

6. 一国金融机构体系的中心环节是(　　)。

六、简答题

1. 简述中央银行产生的客观必要性。

2. 中央银行作为一个“特殊的金融机构”表现在哪些方面?

3. 简述中央银行的职能及其表现。

4. 简述中央银行业务的内容。

5. 中央银行组织制度有哪些类型?

6. 中央银行独立性的含义是什么?

七、论述题

1. 论述中央银行业务活动的原则。

2. 论述中央银行与一般政府机关和普通银行的区别。

3. 中央银行的资产业务包括哪些内容?

八、案例分析题

（一）案例一

中华人民共和国的中央银行——中国人民银行

中国人民银行是中华人民共和国的中央银行，为国务院的组成部门之一，于 1948 年 12 月 1 日成立，总行位于北京。1979 年，在改革开放的背景下，我国政府开始对银行体制进行改革。1983 年 9 月 17 日，国务院决定中国人民银行自 1984 年 1 月 1 日起，专门行使国家中央银行职能。1998 年 11 月 15 日，中共中央、国务院决定，对中国人民银行管理体制实行改革，撤销省级分行，跨省（自治区、直辖市）设置九家分行。2003 年，中国人民银行对银行、金融资产管理公司、信托投资公司及其他存款类金融机构的监管职能被分离出来，并和中央金融工作委员会的相关职能进行整合，成立中国银行业监督管理委员会，中国人民银行各地监管办事处同时撤销。2005 年 8 月 10 日，在上海设立中国人民银行上海总部。

根据《中华人民共和国中国人民银行法》的规定，中国人民银行在国务院领导下依法独立执行货币政策，履行职责，开展业务，不受地方政府、各级政府部门、社会团体和个人的干涉。

请回答以下问题：

1. 中国人民银行在组织制度方面经历了哪些变化？
2. 中国人民银行具体履行哪些职责？

（二）案例二

美联储的产生

20 世纪以前美国政治的一个主要特征，是对中央集权的恐惧。这既体现在宪法的制约与平衡上，也体现在对各州权利的保护上。对中央集权的恐惧，是美国人对建立中央银行抱有敌意的原因之一。除此之外，传统的美国人对于金融业一向持怀疑态度，而中央银行又正好是金融业的最突出代表，美国公众对中央银行的公开敌视，使得早先旨在建立一个中央银行以管辖银行体系的尝试，先后两次归于失败：1811 年，美国第一银行被解散；1832 年，美国第二银行延长经营许可证期限的要求遭到否决，随后其因许可证期满在 1836 年停业。

1836 年美国第二银行停业后，由于不存在能够向银行体系提供准备金并使之避免银行恐慌的最后贷款人，这便给美国金融市场带来了麻烦，19 世纪至 20 世纪早期，全国性的银行恐慌屡屡出现。1837 年、1873 年、1884 年、1893 年和 1907 年，都曾爆发过银行恐慌。1907 年的银行恐慌造成大量银行倒闭，存款人遭受巨大损失，这终于使美国公众相信需要有一个中央银行来维护国家金融稳定与安全。

不过，美国公众基于对中央银行的敌视态度，对建立类似英格兰银行的单一制中央银行，还是大力反对的。他们一方面担心华尔街的金融业（包括最大的公司和银行）可能操纵这样一个机构从而对整个经济加以控制；另一方面，也担心联邦政府利用中央银行过多干预私人银行的事务。所以，在中央银行应该是一家私人银行还是一个政府机构的问题上，存在着严重的分歧。依据美国传统,美国国会把一整套精心制定的带有制约和平衡特点的制度写入了1913年的联邦储备法,从而创立了拥有12家地区联邦储备银行的联邦储备体系(Federal Reserve System,缩写为Fed,简称“美联储”)。

当初建立联邦储备系统首先是为了防止银行恐慌并促进商业繁荣;其次才是充当政府的银行。但是第一次世界大战结束后,美国取代英国成为金融世界的中心,联邦储备系统已成为一个能够影响世界货币结构的独立的巨大力量。20世纪20年代是联邦储备系统取得重大战功的时代,当经济出现摇摆的迹象时,它就提高货币的增长率,当经济开始以较快的速度扩张时,它就降低货币的增长率。虽然它并没有使经济免于波动,但它的确缓和了波动。不仅如此,联邦储备系统还避免了通货膨胀。货币增长率和经济形势的稳定,使经济获得了迅速发展。

请回答以下问题:

1. 美联储产生的过程说明了什么?

2. 美联储的作用是什么?

(三)案例三

西方学者罗杰斯有一句名言:“自从开天辟地以来,曾经有三项伟大的发明:火、轮子和中央银行。”中央银行的重要性显而易见。事实上,中央银行已经成为现代经济的核心,中央银行作为全社会货币、信用的调节者和管理者,与整个社会经济的运行密切相关,其地位日渐凸显,其责任日渐重大,其影响日渐深远。1948年12月1日,以华北银行为基础,合并北海银行、西北农民银行在河北省石家庄市组建了中国人民银行。1983年9月,国务院决定由中国人民银行专门行使中国国家中央银行职能。在国务院领导下,中国人民银行制定和执行货币政策,防范和化解金融风险,维护金融稳定。根据以上材料回答下面的问题。

1. 下列不属于中国人民银行具体描述的是(　　)。

A. 发行的银行　　B. 银行的银行　　C. 国家的银行　　D. 人民的银行

2. 下列中央银行的行为和服务中,不属于其发行职能范围的是(　　)。

A. 人民币纸币　　B. 人民币硬币　　C. 纪念币　　D. 黄金制品

3. 中央银行若提高再贴现率,将(　　)。

A. 迫使商业银行降低贷款利率　　B. 迫使商业银行提高贷款利率

C. 使商业银行没有行动　　D. 使企业得到成本更高的贷款

4. 中国人民银行属于(　　)类型的中央银行。

A. 一元式单一制　　B. 二元式单一制

C. 跨国中央银行制度　　D. 准中央银行制度

5. 假定商业银行系统吸收存款300亿元,法定存款准备金率为10%,当法定存款准备金率下降至5%时,则中国人民银行最终货币供给量有何变化(　　)。

A. 增加1 000亿元　　B. 减少1 000亿元

C. 增加3 000亿元　　D. 减少3 000亿元

第四部分　答案解析

一、名词解释

1. 中央银行:以制定和执行货币政策为其主要职责的国家宏观经济调控部门。

2. 银行券:由银行签发交给持有人以保证向其兑付金银的债务凭证。

3. 再贷款:中央银行给商业银行的贷款。

4. 再贴现:商业银行和其他金融机构持有已贴现的商业汇票,向中央银行进行票据再转让的一种行为。

5. 清算业务:中央银行集中票据交换及办理全国资金清算的业务活动。

二、单选题

1-5　B C D C C　　6-10　C A B B A　　11-15　D A B C A

16-19　A D D B

三、多选题

1. CE　2. ABCDE　3. AB　4. BCD　5. ABCD

6. ABC　7. ABCD　8. ABCD　9. ABCDE　10. ABC

11. ABC　12. ABCD

四、判断题

1-5　√ √ × × ×　　6-10　√ × × × ×　　11-14　× √ × ×

五、填空题

1. 国家

2. 资本充足率

3. 负债

4. 最后贷款人

5. 中央银行出售证券

六、简答题

1. 商品经济的迅速发展，经济危机的频繁发生，银行信用的普遍化和集中化，既为中央银行的产生奠定了经济基础，又为中央银行的产生提出了客观要求。

(1)政府对货币财富和银行的控制的需要。

(2)统一货币发行的需要。

(3)集中信用的需要(最后贷款人的需要)。

(4)建立统一票据清算中心的需要。

(5)统一金融监管的需要。

2. 中央银行作为一个“特殊的金融机构”表现为其地位的特殊性、业务的特殊性和管理的特殊性。

(1)地位的特殊性。中央银行是居于一国经济金融体系核心领导地位的金融管理机构。

(2)业务的特殊性。中央银行的业务经营不以营利为目标，业务服务对象是各商业银行、政府机构和其他金融机构，业务活动有着特殊的法定权力、法定限制和业务范围。不经营一般银行业务。

(3)管理的特殊性。中央银行虽然经一国政府授权，享有各种金融管辖权，但主要通过经济和法律手段实施监管，有较大独立性。

3. 中央银行的职能可从不同角度分类，一般从其业务活动特征上分析，其分为发行的银行、银行的银行和政府的银行三大职能。

(1)发行的银行。中央银行垄断货币发行权，是一国或某一货币联盟唯一授权的货币发行机构。一是掌握货币发行，调节货币流通；二是确保适度发行；三是印刷、铸造或销毁票币，进行库款调拨。

(2)银行的银行。中央银行向商业银行及非银行金融机构办理存款、贷款、清算等业务，成为金融机构的银行，包括集中保管金融机构的存款准备金、充当金融机构的最后贷款人、办理金融机构间的清算业务。

(3)政府的银行。中央银行是管理全国金融事业的国家机构，是制定和执行货币政策的综合部门，是国家信用的提供者，并代表国家执行出纳的职能。具体表现为代理国库、代理政府债券发行、为政府融通资金、为国家持有和经营管理外汇储备、代表政府参加国际金融活动和协调国际金融事务、为政府提供经济金融情报和决策建议。

4. 中央银行的业务可以分为负债业务、资产业务和中间业务三大类。

(1)负债业务。一是货币发行；二是存款业务，包括金融机构准备金存款、政府存款、银行金融机构存款、外国存款、特定机构存款、特种存款；三是其他负债，包括发行中央银行债券、对外负债；四是资本业务，筹集、维持和补充中央银行资本金。

(2)资产业务。一是贷款业务；二是再贴现业务；三是证券买卖业务；四是黄金及外汇储备业务。

（3）中间业务。中间业务主要是支付清算和代理业务，包括全国金融机构间的清算和资金划转，经理国库，管理国家预算资金的收纳和库款的支拨，代理政府债券的发行与兑付，反映中央银行办理各项业务以及调控所引起的资金变动情况，调查统计分析获取金融信息。

5.（1）单一中央银行制。

（2）复合中央银行制。

（3）跨国中央银行制。

（4）准中央银行制。

6. 所谓中央银行独立性，首先是指中央银行在履行通货管理职能，制定与实施货币政策时的自主性。制定与实施货币政策必然涉及货币政策目标与货币政策手段两个方面。其次，金融监管上的独立性，也成为中央银行独立性的新内容。

七、论述题

1. 中央银行业务活动的原则如下。

（1）中央银行应处于超然地位，在执行其业务职能时，不应受其他部门干预。

（2）不以营利为目标。中央银行是非营利性机构，把维护国家货币与金融制度稳定作为其主要任务，以全体社会公众利益为根本目标。

（3）中央银行不经营一般商业银行业务。中央银行在一国金融机构体系中处于特殊地位，享有许多经营特权，所以中央银行不能与一般商业银行进行竞争。

（4）中央银行的资产应有较大的流动性和安全性。中央银行开展资产业务的目的：一是向商业银行提供短期周转资金，弥补其流动性不足；二是调节市场货币数量，稳定和促进经济发展。这些目标决定了中央银行不能将其资金占用在投资期限长、风险大的资产上，而应保持资产的流动性和安全性。

（5）中央银行业务活动的公开化。一般中央银行应定期将资产负债的基本情况向社会公布，并提供有关统计资料。

（6）中央银行对存款一般不支付利息。

2. 中央银行不同于一般政府机关，它与一般政府机关的区别如下。

（1）中央银行作为一个银行，其业务更多地具有银行的业务特征。这与完全依靠国家财政拨付经费的政府机关有着明显的差异。

（2）中央银行对经济的宏观调控主要是通过其金融业务活动实现的，是用经济的手段，即利用它所掌握的经济杠杆和货币政策工具对国民经济进行调控。这与主要依靠行政手段进行管理的一般政府机关显然是不同的。

（3）中央银行与一般政府机关的关系是一种相对独立的关系。中央银行依据一国的宏观经济发展状况与需要独立地制定执行货币政策，较少受政府干预。而政府机关在行为决策上必须与政府的意愿相一致。

中央银行又不同于普通银行，它在服务对象、业务范围和内容以及中央银行的作用等方面均与普通银行不同。

（1）中央银行与普通银行业务对象不同。中央银行业务活动的对象主要是政府和金融机构，而普通银行的客户是工商企事业单位和个人。

（2）中央银行吸收存款不是为了扩大贷款规模，而是为了控制信贷规模和调节货币供应量。

（3）中央银行在经营货币、信用业务时，不以营利为目的，但在业务活动中有盈利。

（4）中央银行的作用不再是信用中介人了，而是制定货币政策，控制社会信用规模，调节货币流通，搞好宏观金融调控。

3. 中央银行资产业务是指中央银行运用其负债资金来源的业务活动，主要包括贷款业务、再贴现业务、证券买卖业务、黄金及外汇储备业务。

（1）贷款业务是指中央银行对商业银行和其他金融机构发放贷款，主要解决其临时性资金不足，弥补头寸的临时性短缺，当然也包括在紧急情况下保证商业银行的最后清偿能力，防止出现金融恐慌，维护金融体系的安全。一般贷款利率比较优惠，贷款期限较短。

（2）再贴现是商业银行和其他金融机构持有已贴现的商业汇票，向中央银行进行票据再转让的一种行为。再贴现是一种特殊的放款形式，也是中央银行传统的总量货币政策工具。

（3）中央银行在金融市场买卖各种有价证券，其目的不在于营利，而是通过买卖证券，调节资金供应。中央银行通过买进或卖出证券可以达到调剂市场资金供求的目的。

（4）中央银行将其一部分资产运用于黄金及外汇的储备，形成了这项特殊的资产业务。中央银行统一管理国家的黄金及外汇储备以保证国际收支平衡、汇率稳定及本国货币币值的稳定。

八、案例分析题

（一）案例一

1. 中国人民银行在组织制度方面经历了两个阶段。第一个阶段（1983 年以前），是复合中央银行制中的混合式，既设中央银行又设专业银行，中央银行兼办一部分专业银行业务。第二阶段（1983 年至今），是单一中央银行制度中的一元式，设立独立的中央银行和众多的分支机构执行中央银行职能，由总分行组成的高度集中的中央银行。

2. 中国人民银行履行下列职责：

（1）发布与履行其职责有关的命令和规章；

（2）依法制定和执行货币政策；

（3）发行人民币，管理人民币流通；

（4）监督管理银行间同业拆借市场和银行间债券市场；

（5）实施外汇管理，监督管理银行间外汇市场；

（6）监督管理黄金市场；
（7）持有、管理、经营国家外汇储备、黄金储备；
（8）经理国库；
（9）维护支付、清算系统的正常运行；
（10）指导、部署金融业反洗钱工作，负责反洗钱的资金监测；
（11）负责金融业的统计、调查、分析和预测；
（12）作为国家的中央银行，从事有关的国际金融活动；
（13）国务院规定的其他职责。

（二）案例二

1. 提示要点：
①中央银行的特殊性，维护金融稳定的职能不可能由商业银行承担；
②美国对美联储相关制度的精心制定；
③美联储的目标是币值稳定。
2. 提示要点：
①制定并负责实施有关货币政策；
②对银行机构实行监管，并保护消费者合法的信贷权利；
③维持金融系统的稳定；
④向美国政府、公众、金融机构、外国机构等提供可靠的金融服务。

（三）案例三

1-5　D D B A C

第八章　货币供求及其均衡

第一部分　本章学习目标与重难点

一、本章学习目标

理解货币需求和货币供给的含义；了解西方各种货币需求理论，理解马克思货币需求理论；理解影响我国货币需求的因素；掌握货币供给层次划分的依据；掌握货币供给过程的特点与机制；掌握货币乘数的计算；理解影响我国货币供给的因素。

二、重难点

重点：货币需求的影响因素；货币供给层次划分；货币供给过程的特点与机制；货币供给的影响因素。

难点：马克思货币需求理论；货币供给过程的特点与机制。

第二部分　本章思维导图与知识要点

一、本章思维导图

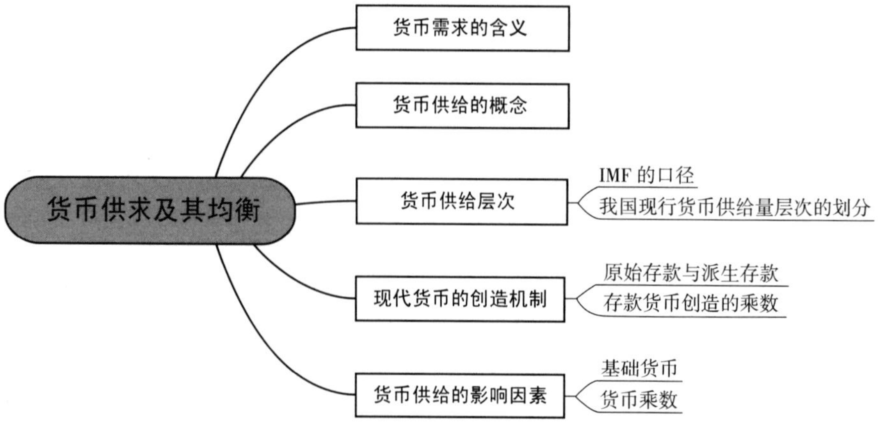

二、知识要点

(一)货币需求的含义

货币需求是指社会各部门在既定的收入或财富范围内能够而且愿意持有的货币数量。

(二)货币供给的概念

货币供给是指在一定时期内一国银行向经济中投入、创造、扩张(或收缩)货币的行为。

(三)货币供给层次

1. IMF 的口径

(1)$M0$= 流通于银行体系之外的现金。

(2)$M1=M0+$ 活期存款。

(3)$M2=M1+$ 储蓄存款 + 定期存款 + 其他存款。

2. 我国现行货币供给量层次的划分

(1)$M0$= 流通中的现金。

(2)$M1=M0+$ 企业活期存款。

(3)$M2=M1+$ 居民储蓄存款 + 企业机关定期存款。

(四)现代货币的创造机制

1. 原始存款与派生存款(表达方式)

(1)原始存款 R。

(2)贷款总额 L。

(3)经过派生后的存款总额(包括原始存款)D。

(4)必要的铸币库存对存款的比率 r,这四者的关系可表示:

$$D = R\frac{1}{r}$$

$$D = L + R$$

2. 存款货币创造的乘数

$$\Delta R = \Delta D r_d + \Delta D t r_t = \Delta D(r_d + t r_t)$$

$$K = \frac{\Delta D}{\Delta R} = \frac{1}{r_d + t r_t}$$

$$\Delta L = (\Delta D + \Delta T) - \Delta R_o$$

(1)以上的分析模型没有涉及现金;贷款、存款、货币支付均在银行的账页上进行。

(2)如用 DC 代表现金漏损额,用 c 代表现金漏损率,则 $c=DC/DD$;$DC=c\cdot DD$

(3)当设定包括现金的情况下,存款货币的创造乘数为:

$$\begin{aligned}\Delta R &= \Delta D r_d + \Delta D t r_t + c\Delta D \\ &= \Delta D(r_d + t r_t + c)\end{aligned}$$

$$K=\frac{\Delta D}{\Delta R}=\frac{1}{r_d+tr_r+c}$$

（4）考虑到超额准备则：

$$K=\frac{\Delta D}{\Delta R}=\frac{1}{r_d+t\cdot r_r+c+e}$$

（五）货币供给的影响因素

货币供给基本模型 $M=B\cdot m$。

（1）基础货币（B）：亦称强力货币、高能货币，表现为商业银行的准备金存款和公众持有的通货，对货币供给量具有决定性影响。其变化主要取决于中央银行的资产业务。

（2）货币乘数（m）：基础货币的扩张倍数，对货币供给量起非常重要的作用，其变化取决于公众的经济行为和政府的财政行为。

第三部分　练习题

一、名词解释

1. 原始存款　2. 超额准备金　3. 基础货币　4. 货币乘数

二、单选题

1. 在决定货币需求的各个因素中，收入水平的高低和收入获取时间的长短与货币需求的关系分别是（　　）。

A. 负相关、负相关　B. 正相关、正相关　C. 正相关、负相关　D. 负相关、正相关

2. 在现金交易说中，货币的职能定位为（　　）职能。

A. 价值尺度　B. 支付手段　C. 交易媒介　D. 价值储藏

3. 在开放经济下，一国相对于另一国的货币贬值，在其他条件不变的情况下，人们对贬值货币的需求会（　　）。

A. 不一定　B. 增加　C. 减少　D. 不变

4. 凯恩斯认为，人们之所以需要货币是因为货币（　　）。

A. 具有最强的流动性　B. 是最好的金融资产

C. 是最好的价值储藏手段　D. 可以满足人们的投资需求

5. 弗里德曼的货币需求函数强调（　　）对货币需求的重要影响作用。

A. 货币数量　B. 预期物价变动率

C. 固定收益的债券利息　D. 恒久性收入

6. 古典经济学家相信，如果货币数量翻番，则（　　）。

A. 价格将会下降 B. 价格将会翻番 C. 价格将会不变 D. 产出将会翻番

7. 以下属于弗里德曼的货币数量的是( )。

A. 利率是货币需求的重要决定因素

B. 影响货币需求的主要因素是恒久性收入

C. 恒久性收入概念是一个不包括人力资本在内的纯物质化的概念

D. 人们资产选择的原则是风险分散程度

8. 凯恩斯的货币需求理论认为,货币流通速度是( )的。

A. 短期内变动,长期内稳定 B. 不稳定

C. 不变 D. 剧烈波动

9. 传统货币数量论忽略了对( )的研究。

A. 货币数量 B. 货币流通速度 C. 利率 D. 物价

10. 现金交易说和现金余额说的相同之处在于( )。

A. 都认为货币流动速度永远不变

B. 把物价变动作为货币数量变动的原因

C. 把货币数量作为物价变动的原因

D. 都认为物价水平与货币存量反方向同比例变化

11. 货币供应量一般是指( )。

A. 流通中的现金量 B. 流通中的存款量

C. 流通中的现金量与存款量之和 D. 流通中的现金量与存款量之差

12. 货币供给的根本来源是( )。

A. 银行贷款 B. 财政支出 C. 企业收入 D. 个人收入

13. 主张“货币供给是外生变量”的论点,其含义是( )。

A. 货币供给决定于整个金融体系的运作 B. 货币供给决定于货币当局的政策

C. 货币供给决定于客观经济过程 D. 货币供给决定于财政政策的实施

14. 如果物价上涨,名义货币供给随之成比例地增加,则实际货币供给( )。

A. 也成比例地增加 B. 成比例地减小

C. 保持不变 D. 无方向性地振荡

15. 如果实际货币需求增加而名义货币供给不变,则货币和物价的变化是( )。

A. 货币升值,物价下降 B. 货币升值,物价上涨

C. 货币贬值,物价下降 D. 货币贬值,物价上涨

16. 中央银行提高存款准备金率,将导致商业银行信用创造能力的( )。

A. 上升 B. 下降 C. 不变 D. 不确定

17. 基础货币是由( )提供的。

A. 投资基金 B. 商业银行 C. 中央银行 D. 财政部

18. 派生存款是由( )创造的。

A. 商业银行 B. 中央银行 C. 证券公司 D. 投资公司

19. 下列资产负债项目中，属于中央银行负债的有（　　）。

A. 流通中的通货　　B. 央行的外汇储备

C. 对商业银行的贷款　　D. 财政借款

20. 下列金融变量中，直接受制于商业银行行为的是（　　）。

A. 超额存款比率　　B. 现金漏损率　　C. 定期存款比率　　D. 财政性存款比率

21. 在其他因素不变的条件下，如果商品价格总额增加 1 倍，则流通中的货币需要量将会（　　）。

A. 增加 2 倍　　B. 增加 1 倍　　C. 减少 1 倍　　D. 不变

三、多选题

1. 弗里德曼认为，影响货币需求的因素包括（　　）。

A. 个人偏好　　B. 人力财富和非人力财富的比例

C. 总财富　　D. 人们持有货币和其他资产的预期收益

2. 凯恩斯将货币需求动机概括为（　　）。

A. 交易动机　　B. 储蓄动机　　C. 投机动机　　D. 预防动机

3. 货币需求必须满足的基本要素有（　　）。

A. 持有货币的行为　　B. 人们产生的各种欲望

C. 持有货币的愿望　　D. 持有货币的能力

4. 下列理论中，对凯恩斯货币需求理论进行发展的是（　　）。

A. 现金余额说　　B. 托宾的资产选择理论

C. 鲍莫尔的平方根公式　　D. 惠伦的立方根公式

5. 在传统货币数量论的发展过程中，最具代表性，同时也是最有影响的理论是（　　）。

A. 托宾的资产选择理论　　B. 现金交易说

C. 现金余额说　　D. 凯恩斯的流动性需求理论

6. 以下影响货币需求的因素有（　　）。

A. 公众偏好与预期　　B. 市场利率

C. 收入状况　　D. 消费倾向

四、判断题

1. 当其他条件不变时，货币流通速度越大，则货币需求越小。（　　）

2. 凯恩斯认为预防性货币需求是利率的增函数。（　　）

3. 根据凯恩斯流动性偏好理论，当预期利率上升时，人们就会抛出货币而持有债券。（　　）

4. 在费雪看来，人们持有货币是为了满足价值储藏的需要。（　　）

5. 在凯恩斯的货币需求理论中，货币流动速度 V 是稳定的。（　）

6. 当非银行公众向中央银行出售债券，并将所获支票在中央银行兑现时，基础货币增加。（　）

7. 当中央银行为维持稳定汇率而买卖外汇时，常导致基础货币的变动。（　）

8. 一般来说，中央银行降低再贴现利率，则货币供应量一定扩张。（　）

9. 若中央银行在市场购买价值 100 万元的外汇，同时增加对商业银行 100 万元再贴现贷款，货币乘数为 3，在其他条件不变时，货币供应量增加 600 万元。（　）

10. 基础货币中具有乘数效应的部分主要是现金。（　）

11. 货币乘数取决于四个因素的变动，即现金漏损率、超额准备金率、活期存款法定准备金率、定期存款法定准备金率及定期存款与活期存款之比。（　）

12. 货币供应量是由四个经济主体，即公众、银行部门、政府与货币当局共同决定的。（　）

13. 财政赤字往往会导致基础货币增加。（　）

14. 地下经济活动越猖獗，现金漏损率越高。（　）

15. 信用货币时代，可以完全由市场来调节货币供给。（　）

五、填空题

1. 货币数量说认为（　　）决定着物价水平的高低和货币价值的大小。货币数量多，物价水平（　　），货币价值（　　）。

2. 现金交易数量说的代表人物是美国著名经济学家费雪。费雪认为，影响物价水平的因素主要有三个：（　　）、（　　）、（　　）。

3. 货币数量说的基本要点是在货币流通速度与商品交易量不变的条件下，物价水平是随着（　　）的变动而成（　　）比例地变动的。

4.（　　）的代表人物是英国剑桥学派的马歇尔和庇古。该理论认为，当人们手中保留的现金余额增加时，整个社会的货币需求（　　），货币流通速度就会（　　），物价就会（　　），币值就会（　　）。

5.（　　）动机和（　　）动机合称为交易动机。

6.（　　）的主要代表人物是密尔顿·弗里德曼。

7. 马克思的货币需求理论认为，在其他因素不变的条件下，货币的必要量取决于（　　），并成正比例变化；与（　　）成反比例变化。

8. 货币供给量包括两个主要部分：（　　）和（　　）。

9. 商业银行的存款由两部分构成：一部分是（　　），一部分是（　　）。

10. 商业银行信用创造的条件有两个：一是（　　），二是（　　）。

11. 商业银行的存款准备金可分为（　　）和（　　）。

六、简答题

1. 货币供给量是由哪些主体的行为决定的?
2. 影响基础货币的因素包括哪些?
3. 请根据银行体系合并后资产负债表分析影响货币供应量的因素。
4. 制约派生存款的因素有哪些?
5. 简述存款创造的基本条件。
6. 简述中央银行是如何进行基础货币控制的。

七、论述题

1. 试分析影响货币乘数变动的因素。
2. 请你从货币供给模型分析影响货币供给的主体及其背后的因素。
3. 简要分析影响货币供给的因素。
4. 简要分析影响货币需求的因素。
5. 论述中央银行调控货币供给量的复杂性。

八、案例分析题

(一)案例一

假设某企业 A 将自身的 400 万元资金存入银行甲的活期存款账户,银行甲提取 20% 的法定准备金,其余资金贷给企业 B,企业 B 将全部贷款资金转账给企业 C 所在的银行乙的资金账户。根据以上材料回答下面的问题。

1. 原始存款为(　　)。

A. 80 万元　B. 500 万元　C. 400 万元　D. 以上都不对

2. 银行甲能派生(　　)存款。

A. 1 600 万元　B. 2 000 万元　C. 80 万元　D. 400 万元

3. 现金漏损增加,存款货币创造能力(　　)。

A. 增强　B. 减弱　C. 不变　D. 以上都不对

4. 以下不是影响存款货币创造的因素的是(　　)。

A. 法定准备金率　B. 现金漏损　C. 超额准备金率　D. 再贴现率

5. 在法定准备金率降低的情况下,以下情况正确的是(　　)。

A. 货币供给量减少　B. 商业银行可贷资金增加

C. 抑制经济　D. 减少银行利润

(二)案例二

我国流动性过剩问题突出

"流动性过剩"可以说是描述现今中国经济现状的关键词。国务院总理温家宝在第十届人民代表大会常务委员会第五次会议上所做的政府工作报告中指出，2006 年银行资金流动性过剩问题突出。那么什么是流动性过剩？

车海刚在 2007 年 3 月 27 日的《学习时报》上对流动性过剩的概念做了这样的解释，就是市场上流动的货币过多，超出了经济体系的实际需要。另据 2007 年 2 月 16 日《大公报》的观点，所谓银行流动性过剩，主要是指银行资金充裕，信贷投放的冲动性较强。综合各种流动性过剩的定义可以认为流动性过剩就是流通中的货币供应量过多，远超实际经济的需要量。

流动性过剩可能造成多方面的后果。由于泛滥的资金急需寻找出口，它们或者进入消费市场，推动物价恶性上涨，引发通货膨胀；或者以投资的形式进入实体经济，加剧投资过热和产能过剩；或者涌向股市、楼市等资产领域，抬高资产价格，催生市场泡沫。无论哪一种情形，都有可能进一步演化成系统性的金融危机和经济危机。因此，温总理在政府工作报告中指出，要继续实行稳健的货币政策，综合运用多种货币政策工具，合理调控货币信贷总量，有效缓解银行资金流动性过剩问题。

对于我国流动性过剩的成因，学者们众说纷纭，主要观点如下。

(1)外汇储备的快速增长以及现行的外汇管理制度，是造成流动性过剩的一个重要原因。由于人民币没有实行自由兑换，所有的外资对华投资和巨额贸易顺差形成的外汇收入，包括通过非正规渠道进入中国的"热钱"，都需要由中央银行用人民币来收购。为此，中央银行每年都要"配套"增发大量的基础货币，其实质是在增加流动性。

(2)20 世纪八九十年代实行的积极扩大信贷的宽松货币政策，在推动中国经济快速增长的同时，也增加了流动性。

(3)人民币升值预期被反复炒作，大量国际"热钱"涌入国内。2001 年以来，特别是"9·11"事件以后，欧美发达国家相继实行宽松的经济政策，较低的利率政策一直延续，而日本更是实行了长达 5 年的零利率政策，加上金融创新的不断发展，全球的可用资金快速增长。在全球经济失衡的诱导下，大量资金流入以中国为代表的亚洲新兴经济体。在这种背景下，境外流动性资金通过多种渠道输入，使得我国的流动性过剩问题日益凸显。

结合材料，试分析如何理解中央银行应对流动性过剩问题而采取的措施？

第四部分 答案解析

一、名词解释

1. 原始存款：商业银行吸收的，能增加其准备金的存款。原始存款是商业银行进行信用扩张和创造派生存款的基础。

2. 超额准备金:金融机构在中央银行存款超过法定准备金存款的部分为超额准备金存款。超额准备金存款与金融机构自身保有的库存现金,构成超额准备金。

3. 基础货币:中央银行所发行的现金货币,与对各商业银行的负债(即商业银行在中央银行的准备金存款)的总和,实际上也是中央银行对社会公众的负债总额。现实中的所有货币都是在其基础上创造出来的,所以把这二者之和称之为基础货币。

4. 货币乘数:基础货币每增加或减少一个单位所引起的货币供给额增加或减少的倍数。

二、单选题

1-5 BCCAD　6-10 BBBCC　11-15 CABCA
16-20 BCAAA　21 B

三、多选题

1. ABCD　2. ACD　3. CD　4. BCD　5. BC
6. ABCD

四、判断题

1-5 √××××　6-10 √√×√×　11-15 √√√√×

五、填空题

1. 货币数量 上升 下降
2. 流通中的货币量 货币的流通速度 商品的交易量
3. 流通货币数量 正
4. 现金余额数量说 增加 减慢 下跌 上升
5. 所得 营业
6. 现代货币数量说
7. 商品价格总额 货币流通速度
8. 现金 存款货币
9. 原始存款 派生存款
10. 转账方式的存在 实行部分准备金制度
11. 法定存款准备金 超额存款准备金

六、简答题

1. 概括起来，货币供给量由下述主体的行为共同决定。

(1)中央银行的行为影响。

(2)商业银行的行为影响。

(3)财政机构的行为影响。

(4)企业的行为影响。

(5)社会公众的行为影响。

2.(1)国际收支。

盈余，则中央银行购进外汇，中央银行国外净资产项目增加；赤字，则中央银行出售外汇供进口用，国外资产净额减少。这些都影响基础货币的增减。

(2)汇率政策。

中央银行若不想让本币升值就会买进外汇，若不想让本币贬值，就抛出外汇。这些都会影响中央银行国外净资产的增减，从而影响基础货币的增减。

(3)政府财政收支。

发生赤字，中央银行对政府的债权增加，基础货币增加(货币供给增加)；出现盈余，中央银行对政府债务增加，基础货币减少(货币回笼，供给减少)。

(4)货币政策。

对基础货币的影响主要体现在再贴现(再贷款)政策和公开市场业务两个方面，通过利率的提高和降低与债券的买进卖出影响金融机构的债权和债券资产的增减，从而影响基础货币的增减。

3. 货币供应量受以下四个因素的制约。

(1)信贷收支状况。

银行对企业、团体与个人的贷款和投资增减净额，若为正数，则表示信用扩张，会直接引起货币供应量增加；若为负数，则表示信用收缩，造成货币供应量减少。

(2)财政收支状况。

财政支出与收入增减净额若为正数，则表示财政净赤字，会导致货币供应量增加；若为负数，则表示财政净盈余，会使货币供应量减少。

(3)国际收支状况。

国际收支增减净额若为正数(即国际收支顺差或黄金外汇储备净增)，则货币供应量增加；若为负数，则货币供应量减少。

(4)银行资本的变化与其余额。

银行资本与货币供应量成反比。

4. 整个商业银行体系所能创造的派生存款取决于以下因素：

(1)客观经济过程产生对货币的需求(如要有贷款需求等)，这样银行的存款才用得出去；

（2）法定准备金率；

（3）现金漏损率；

（4）超额准备金率；

（5）活期存款转化为定期存款的比率；

（6）定期存款法定准备金率。

5. 存款创造的基本条件有两个：

（1）非现金结算制度；

（2）部分准备金制度。

若没有部分准备金制度，商业银行就无法用吸收的存款去发放贷款；若不存在非现金结算制度，银行也无法通过增加客户活期存款来发放贷款。这两个条件对活期存款创造来说，缺一不可。

6. 控制基础货币是中央银行的一项基本任务。基础货币包括法定存款准备金、超额准备金和流通现金。一方面，中央银行可以充分发挥其直接掌握和操纵的调控工具作用，如买卖信用证券、调整存款准备金率和对商业银行贴现率等的作用，达到减少或增加基础货币的目的。另一方面，中央银行还可以通过对来自非银行部门的外部因素的变动进行预测，运用它所能控制的项目采取防御性措施，如提高储蓄利率、改变财政向银行透支等，以减少外部因素对基础货币的影响。

七、论述题

1.（1）影响法定准备金率的因素。

①货币政策意向。

货币当局在“经济过热”时提高法定准备金率，“经济过冷”时降低法定准备金率。

②商业银行的存款构成。

总存款中活期存款占的比例发生变化，总存款中实际上缴法定准备金率就会发生变化。

③有些国家由于商业银行的规模大小和距离中央银行的远近不同，规定的法定准备金比率也有所区别，存款在这些机构之间的变化会影响整个银行系统的法定准备金率的变化。

（2）影响超额存款准备金率的因素。

①市场利率的高低，决定持有超额准备金的机会成本的高低。

②中央银行货币政策手段的告示作用。如果预期将紧缩，利率会上升，就先以超额准备金形式持有，等到利率上升时再用出去；反之则先花出去，超额准备金势必减少。

③存款外流程度。

④商业银行资产经营政策是稳健还是冒进。

（3）影响通货比率变动的因素。

①财富变动效果：越富裕，用现金越少。

②相对收益变动效果：非现金资产收益的上升，会减少人们对现金的持有；反之会增加

人们对现金的持有(机会成本分析)。

③相对风险变动效果:银行是否会倒闭,通货膨胀是否加剧,这些都会影响人们的决策。

④金融业的发达程度:金融业越发达使用非现金越方便,就越没有必要持有现金;反之则要多持现金。

⑤季节因素:在我国节假日期间用现金多些。

(4)影响商业银行的活期存款与存款总额的比例(与 $M1$ 正相关)的因素:

①可支配收入水平与该比率负相关。

②存款利率及其结构(利率差距大小决定存款的分布)。

2. 简单的货币供给模型就是货币供给等于货币乘数乘以基础货币。

基础货币主要由央行通过再贴现政策和运用公开市场业务手段来影响(也可包括国际收支、汇率政策和财政收支)。

货币乘数的影响因素如下。

(1)主要由中央银行决定的法定准备金率(实际高低又根据货币政策意向、银行存款构成、商业银行的规模和处所等决定)。

(2)由商业银行决定的超额准备金率(由商业银行考虑持有超额准备金的成本和收益决定)。

(3)社会公众决定的通货比率(财富变动效果、相对收益变动效果、相对风险变动效果、金融业的发展状况等影响)。

(4)社会公众决定的活期存款与存款总额的比例(受可支配收入水平高低、存款利率高低与其结构等影响)。

3.(1)存款准备金比率。

存款准备金率与货币供给呈反方向变动,中央银行提高存款准备金率,货币供给下降;中央银行降低存款准备金率,货币供给增加。

(2)中央银行买卖信用证券的数量。

中央银行在公开市场上买进有价证券,货币供给倍数增加;卖出有价证券,货币供给倍数减少。

(3)中央银行对商业银行贷款、贴现政策的松紧。

中央银行降低再贴现率,货币供给倍数增加。中央银行提高再贴现率,货币供给倍数减少。

(4)计算机技术在金融业的运用。

计算机技术在金融业的运用越普及越深入,超额准备金和现金漏损都减少,货币供给增加;反之,超额准备金和现金漏损都增加,货币供给减少。

(5)公众的持币意向。

公众的持币意向越强,商业银行的准备金就减少,货币乘数下降,货币供给减少。公众的持币意向越弱,商业银行的准备金增加,货币供给增加。此外,影响中国货币供给的因素还有国际收支状况、存贷款比例管理、贷款指标管理和中央银行票据发行规模。

4. 货币需求可以分成微观的货币需求和宏观的货币需求。微观的货币需求是指个人和经济单位的货币需求。宏观的货币需求则是指整个社会的货币需求，也就是所有个人和经济单位货币需求的总和。影响货币需求的主要因素主要如下。

(1)国民收入。

货币需求与国民收入同方向变动。但国民收入对货币需求的影响有一定的滞后效应。

(2)物价水平。

货币需求与物价水平同方向变动。

(3)利率。

货币需求与利率反方向变动。

(4)预防考虑。

公众持有货币的一个重要原因是防范不确定事件，因为预防的不确定事件是因人而异的，所以出于预防而持有的货币需求服从不确定事件发生的概率分布。

(5)互联网技术行业的发展及其在金融业的运用。

互联网技术发展的越好，在金融业的运用越普遍，货币需求就越少；反之，货币需求越多。

(6)对未来的预期。

所有变量对公众货币需求的影响都不是静态的，而是动态的。动态是指这些变量的变动趋势，不是现实发生的，而是未来可能发生的，而可能发生的变量在公众的预期之中。

5. 影响货币供给的基本因素是基础货币和货币乘数。

(1)中央银行对基础货币的调控。

控制基础货币是中央银行的一项基本任务。基础货币包括法定存款准备金、超额准备金和流通现金。中央银行可将存款准备金率作为限制商业银行信用扩张的工具，中央银行还可运用其他货币政策工具，如公开市场业务、再贴现率、若干选择性的货币政策工具，以及直接信用控制和间接信用指导调控基础货币等。然而，不但这些货币政策工具的运用也会存在这样或那样的问题，而且超额准备金、流通中现金的调控也受商业银行、企业、公众以及客观现实经济情况影响，这使中央银行难以对基础货币进行有效调控。

(2)中央银行对货币乘数的调控。

从货币供给量间接型调控总模型中也可看出，影响货币乘数的诸因素并非都由中央银行的意向所决定，如现金漏损率、定期存款比率、财政性存款比率等均由非银行经济部门的经济行为所决定。可见，中央银行对货币供给量的调控处于异常复杂的境地。当然，这不等于中央银行只能被动应付，甚至束手无策。中央银行完全可以主动出击，采取有效措施，努力改变现状，使自己的目标得以实现，如中央银行可以通过对来自非银行经济部门的外部因素的变动进行预测，如变动利率、完善金融市场等，以使非银行经济部门的经济行为纳入自己的轨道，为实现有效的宏观调控创造必要的条件。

八、案例分析题

(一)案例一

1-5　CABDB

(二)案例二

流动性过剩问题已是我国宏观经济发展的突出问题,中央银行对此保持高度警惕。为缓解流动性过剩状况,控制银行信贷,2006年以来,中央银行先后6次上调存款准备金率,每次以0.5个百分点的幅度不停地提高存款准备金率。中国人民银行2007年4月5日宣布,决定从2007年4月16日起上调存款类金融机构人民币存款准备金率0.5个百分点。这是自2006年以来第6次上调存款准备金率,这次调整后,普通存款类金融机构将执行10.5%的存款准备金率标准。另外,金融机构人民币存贷款基准利率也经历了两次上调:2006年8月19日,一年期存款、贷款基准利率均上调0.27个百分点,一年期存款基准利率由2.25%提高到2.52%,一年期贷款基准利率由5.85%提高到6.12%;2007年3月18日,一年期存款基准利率上调0.27个百分点,由2.52%提高2.79%,一年期贷款基准利率上调0.27个百分点,由6.12%提高到6.39%。

中央银行连续上调存款准备金率旨在收缩银根,控制银行体系流动性过剩问题,保持流动性水平基本适度,防止货币信贷过快增长,引导金融机构优化信贷结构,促进国民经济又好又快发展。

第九章　货币与货币政策

第一部分　本章学习目标与重难点

一、本章学习目标

理解货币政策的含义与作用;掌握货币政策的目标及诸目标间的关系;了解货币政策中介指标的作用与基本要求;掌握各种货币政策工具的作用机制;理解我国现行的货币政策工具。

二、重难点

重点:货币政策工具;货币政策工具的作用机制。

难点:货币政策的运用。

第二部分　本章思维导图与知识要点

一、本章思维导图

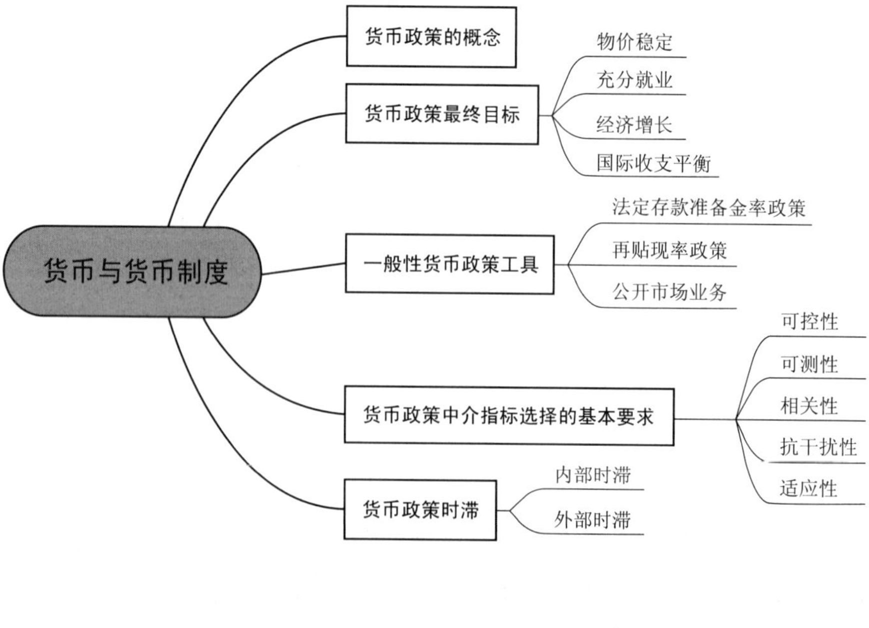

二、知识要点

（一）货币政策的概念

货币政策是中央银行为实现既定的经济目标而采取的各种控制和调节货币供应量和信用的方针、政策和措施的总称。

（二）货币政策最终目标

（1）物价稳定。
（2）充分就业。
（3）经济增长。
（4）国际收支平衡。

（三）一般性货币政策工具

1. 法定存款准备金率政策

（1）法定存款准备金率政策指中央银行通过调整法定存款准备金率，影响商业银行的信用量，从而实现调节货币供给量的行为。

（2）作用机理。

（3）特点：威力巨大（乘数效应），告示效应；导致经济震荡，不宜常用。

2. 再贴现率政策

（1）再贴现率政策指中央银行通过调整再贴现率，改变商业银行融资成本，进而影响其信用活动总量的政策手段。

（2）作用机理。

（3）特点：告示效应、结构调整；缺乏主动性，不宜常用。

3. 公开市场业务

（1）公开市场业务指中央银行在金融市场上公开买卖有价证券，以此来调节货币量的政策行为。

（2）作用机理

（3）特点：主动性、灵活性、作用直接、适宜微调；作用可能被抵消。

（四）货币政策中介指标选择的基本要求

（1）可控性。
（2）可测性。
（3）相关性。
（4）抗干扰性。
（5）经济体制、金融体制有较好的适应性。

（五）货币政策时滞

货币政策时滞，指货币政策从制定到产生效果必须经过的时间间隔。

内部时滞，指从政策制定到货币当局采取行动的这段时期。

外部时滞，指从货币当局采取行动到对政策目标产生影响的这段时间。

第三部分　练习题

一、名词解释

1. 货币政策　2. 公开市场业务　3. 直接信用控制　4. 间接信用指导　5. 货币政策时滞

二、单选题

1. 在一般性货币政策工具中，缺乏弹性或灵活性的货币政策工具是（　　）。

A. 公开市场操作　　B. 利率管制

C. 再贴现率政策　　D. 法定存款准备金率政策

2. 再贴现率政策应属于（　　）。

A. 一般性货币政策工具　　B. 选择性货币政策工具

C. 直接信用控制　　D. 间接信用指导

3. 在货币政策最终目标中，（　　）两大目标是一致的，不存在冲突。

A. 经济增长与充分就业　　B. 经济增长与物价稳定

C. 充分就业与物价稳定　　D. 经济增长与国际收支平衡

4. 下列目标中（　　）不是货币政策的最终目标。

A. 充分就业　　B. 经济增长　　C. 国际收支顺差　　D. 物价稳定

5. 在其他条件不变的情况下，中央银行提高再贴现率，会使商业银行（　　）。

A. 提高贷款利率　　B. 降低贷款利率

C. 贷款利率升降不受影响　　D. 贷款利率升降不好判断

6. 下列货币政策工具中，不属于直接信用控制的是（　　）。

A. 利率最高限　　B. 信用配额　　C. 流动性比率　　D. 窗口指导

7. 从现实经济运行客观上有实施货币政策的需要开始，到中央银行认识到确实需要实施货币政策所耗费的时间，称为（　　）。

A. 决策时滞　　B. 认识时滞　　C. 操作时滞　　D. 外部时滞

8. 在银行贷款和投资收益不变的情况下，若中央银行降低再贴现率，商业银行就会（　　）信用。

A. 紧缩　　B. 扩张　　C. 稳定　　D. 不确定

9. 当中央银行实行扩张性货币政策时，中央银行将会(　　)。

A. 买进有价证券　　B. 卖出有价证券

C. 提高再贴现率　　D. 提高法定存款准备金率

10. 货币政策四大目标之间存在矛盾，任何一个国家要想同时实现是很困难的，但其中(　　)是一致的。

A. 物价稳定与充分就业　　B. 物价稳定与经济增长

C. 经济增长与国际收支平衡　　D. 充分就业与经济增长

11. 各国货币政策的首要目标通常是(　　)。

A. 国际收支平衡　　B. 物价稳定　　C. 充分就业　　D. 经济增长

12. 菲利普斯曲线是用于反映(　　)之间关系的曲线。

A. 通货紧缩与经济增长　　B. 通货膨胀率与经济增长

C. 通货膨胀率与失业率　　D. 经济增长与失业率

13. 目前，西方各国运用的比较多而且十分灵活有效的货币政策工具为(　　)。

A. 公开市场业务　　B. 再贴现率政策

C. 窗口指导　　D. 法定存款准备金率政策

14. 下列不属于中央银行货币政策工具的是(　　)。

A. 公开市场操作　　B. 抵押补充贷款　　C. 中期借贷便利　　D. 银行票据承兑

15. 中央银行在经济衰退时，一般会(　　)法定存款准备金率。

A. 降低　　B. 不改变　　C. 取消　　D. 提高

16. 下列属于一般性货币政策工具的是(　　)。

A. 窗口指导　　B. 再贴现率政策　　C. 基础货币　　D. 优惠利率

17. 下列针对法定存款准备金率政策缺陷的说法不正确的是(　　)。

A. 实现效果可能会因为对各类银行的影响不同而难以把握

B. 效果强烈，对经济波动影响过大，不适宜作为日常调控工具

C. 由于缺乏主动性而使政策的效果大打折扣

D. 显著影响社会公众的心理预期，有固定化倾向

18. 法定存款准备金率政策对应下列哪一项中央银行资产负债表业务(　　)。

A. 货币发行业务　　B. 证券业务　　C. 贴现及放款业务　　D. 存款业务

19. 2017 年 3 月 17 日，北京推出“史上最严”的楼市政策，其中要求二套普通住宅首付不低于 50%，二套非普通住宅首付不低于 80%，并暂停发放贷款期限 25 年以上的个人住房贷款。这个政策属于(　　)。

A. 直接信用控制　　B. 选择性货币政策　　C. 间接信用指导　　D. 一般性货币政策

20. 中央银行可以通过以下哪种政策充当最后贷款人的职能(　　)。

A. 再贴现率政策　　B. 法定存款准备金率政策

C. 直接信用控制　　D. 道义劝告

21. 当面对股价暴涨出现泡沫风险时，中央银行可以采取的货币政策是(　　)。
A. 降低贷款利率　　B. 降低最高贷款额度
C. 降低证券保证金比率　　D. 降低法定准备金率
22. 哪种说法是信贷传导理论的观点？(　　)
A. 货币扩张引起利率下降和汇率贬值，增加出口，提高产出
B. 货币扩张提高资产价格，企业有更多的投资动机，提高产出
C. 货币扩张提高资产价格，财富增加，消费上升，提高产出
D. 货币扩张提高资产价格，降低企业的道德风险，融资能力上升，投资增加，增加产出
23. 货币政策的时滞效应需要货币政策具有(　　)。
A. 突然性　　B. 前瞻性　　C. 连续性　　D. 滞后性

三、多选题

1. 下列货币政策工具中，属于选择性货币政策工具的是(　　)。
A. 证券市场信用控制　　B. 优惠利率
C. 法定存款准备金率　　D. 不动产信用控制
2. 货币政策作用的内部时滞是由(　　)构成。
A. 行动时滞　　B. 市场时滞　　C. 认识时滞　　D. 协调时滞
3. 传统的三大货币政策工具是指(　　)。
A. 公开市场业务　　B. 法定存款准备金率政策
C. 再贴现率政策　　D. 再贷款政策
4. 下列中，属于直接信用控制手段的是(　　)。
A. 道义劝告　　B. 窗口指导　　C. 信用配额　　D. 利率最高限
5. 货币政策操作指标和中介指标的选取，要遵循的基本要求包括(　　)。
A. 可测性　　B. 可控性　　C. 相关性　　D. 抗干扰性
6. 货币政策最终目标包括(　　)。
A. 财政收支平衡　　B. 充分就业　　C. 物价稳定　　D. 经济增长
7. 在存款准备金政策的作用过程中(　　)。
A. 效果非常强烈
B. 当中央银行实行扩张性货币政策时，会提高存款准备金率
C. 在政策实施中，中央银行处于主动地位
D. 当中央银行实行扩张性货币政策时，会降低存款准备金率
8. 中央银行选择中介目标和操作目标时，应当遵循的原则有(　　)。
A. 可控性　　B. 独立性　　C. 目标性　　D. 可测性
9. 常见的中央银行货币政策远期中介目标有(　　)。
A. 长期利率　　B. 货币供给量　　C. 投资额　　D. 存款额

10. 以下(　　)属于宽松的货币政策。

A. 提高法定存款准备金率　　B. 降低再贴现率

C. 中央银行在公开市场上卖出证券　　D. 中央银行在公开市场上买入证券

11. 当代各国的货币政策目标可以概括为(　　)。

A. 物价稳定　　B. 经济增长　　C. 充分就业　　D. 国际收支平衡

12. 市场利率作为中介指标的优点主要有(　　)。

A. 可测性　　B. 可控性　　C. 相关性　　D. 抗干扰性

13. 货币政策操作指标主要有(　　)。

A. 基础货币　　B. 中央银行票据利率　　C. 准备金　　D. 市场利率

14. 以下属于直接信用控制的货币政策工具是(　　)。

A. 直接干预　　B. 信用配额

C. 规定金融机构流动性比率　　D. 证券市场信用控制

15. 以下属于中央银行公开市场业务的手段的是(　　)。

A. 发行中央银行票据　　B. 国债买断(卖断)操作

C. 买卖外汇　　D. 向商业银行发放贷款

16. 下列有关宏观经济政策与物价说法错误的是(　　)。

A. 放宽再贴现资格,有利于物价下降

B. 提高消费信贷首付比率,有利于物价下降

C. 提高再贴现率,有利于物价上升

D. 货币供应量上升,有利于物价上升

17. 下列货币政策操作将增大货币乘数的是(　　)。

A. 提高存款准备金的利率　　B. 降低再贴现率

C. 降低存款准备金的利率　　D. 降低法定存款准备金率

18. 下面属于扩张性货币政策的是(　　)。

A. 降低再贴现率　　B. 降低存款基准利率

C. 中央银行在公开市场上进行逆回购操作　　D. 中央银行发行债券

四、判断题

1. 货币政策是一国的长期的经济政策,所以货币政策在任何时期的目标都是一样的。(　　)

2. 货币政策的目标是多重的,但不互相影响。(　　)

3. 货币政策的外部时滞由客观的经济和金融条件决定,是中央银行难以直接控制的。(　　)

4. 中央银行的公开市场业务是在二级市场上进行的。(　　)

5. 我国目前主要的操作指标是货币供给量,主要的中介指标是基础货币。(　　)

6. 从未来货币政策实施的发展趋势看,再贴现率政策将成为最主要的货币政策工具。 ( )

7. 中央银行在公开市场上大量抛售有价证券,意味着货币政策向着紧缩性方向变化。 ( )

8. 选择性货币政策工具可以影响银行体系的资金投向和不同的贷款利率。 ( )

9. 公开市场业务是商业银行在公开市场上买进或者卖出有价证券,用以调节货币供应量的一种手段。 ( )

10. 当政府实行扩张性货币政策时,中央银行将会提高再贴现率。 ( )

11. 当政府实行紧缩性货币政策时,中央银行将提高法定存款准备金率。 ( )

12. 当市场上的货币流通量大大超过需求量时,中央银行将会卖出有价证券,来调节货币供求关系。 ( )

13. 窗口指导属于直接信用控制。 ( )

14. 一般来说,政府始终把物价稳定目标放在首位。 ( )

15. 法定存款准备金率政策通常被认为是最猛烈的货币政策工具之一。 ( )

16. 公开市场业务是使用频率最高的一般性货币政策工具。 ( )

17. 充分就业是指社会劳动力 100% 就业。 ( )

18. 货币政策的最终目标主要包括物价稳定、经济增长、充分就业和国际收支平衡。 ( )

19. 中央银行一般只能在证券发行市场上买卖证券。 ( )

20. 菲利普斯曲线说明了物价稳定与经济增长之间的矛盾。 ( )

21. 中央银行在执行常规货币政策时,通常而言只能购买或出售高流动性资产。 ( )

22. 货币政策的外部时滞是指从客观情况需要中央银行采取行动到中央银行实际采取行动所经过的时间。 ( )

23. 由于扩张性货币政策有助于促进经济增长,而紧缩性财政政策会抵消这个作用,因此在具体实施中,政府应当采取货币、财政“双紧”或“双松”的政策,而不应该采用“一松一紧”的政策。 ( )

24. 货币政策的认识时滞是指从客观情况需要中央银行采取行动到中央银行实际采取行动所经过的时间。 ( )

25. 货币供给的外生性越强,货币供应量越适合作为货币政策的中介指标。 ( )

26. 中央银行频繁调节法定存款准备金率,会增加商业银行流动性管理的难度,不利于商业银行的日常经营。 ( )

27. 中央银行资产负债表中的证券业务,对应的货币政策工具是公开市场业务。 ( )

28. 外部时滞是指从中央银行采取行动到对政策目标产生影响所经过的时间,也就是货币对经济起作用的时间。 ( )

29. 目前,英国、加拿大、澳大利亚、新西兰等国家的法定准备金率是 0,这表明这些国家的货币供应量无限多。 ( )

30. 当前中国人民银行主要通过公开市场业务来维持人民币汇率的稳定。（　）

31. 信贷传导论认为货币政策主要通过银行信贷渠道进行传导。（　）

32. 通货膨胀目标制属于单一目标的货币政策，通常中央银行关注中长期的通货膨胀率。（　）

33. 货币政策传导机制中的资产负债效应认为，在企业存在融资约束时，宽松的货币政策会带来资产价格上升，增加了企业抵押品价值，放松了融资约束，增加信贷，从而带来投资上升，产量增加。（　）

34. 在信息不对称的条件下，道德风险会制约企业可以获得的外部融资，它的融资规模通常会受到自有资金的约束。这种特征会放大货币政策对实际经济的影响。（　）

35. 数量型货币政策通常以名义国内生产总值增长为目标，价格型货币政策通常以物价总水平为目标。（　）

五、填空题

1. 货币政策是指（　　　）为实现既定的经济目标，运用各种政策工具控制、调节货币供应量和利率水平，进而影响宏观经济的方针和措施的总和。

2. 以利率作为核心变量的货币政策传导机制理论是（　　　）学派的观点。

3. 若中央银行（　　　）法定存款准备金率，则为实行紧缩性货币政策。

4. 一般性货币政策工具包括（　　　）政策、再贴现率政策、公开市场业务三大工具，通常被人们称为三大传统法宝。

5. 效果最明显、可能会对经济和社会心理预期产生强烈影响的一般性货币政策工具是（　　　）政策。

六、简答题

1. 简述法定存款准备金率政策的含义及优缺点。

2. 简述公开市场业务的含义及优点。

第四部分　答案解析

一、名词解释

1. 货币政策：即金融政策，是指中央银行为实现既定的经济目标而采用的各种控制和调节货币供应量和信用的方针、政策和措施的总称。

2. 公开市场业务：中央银行在货币市场上公开买卖有价证券，是货币政策工具之一，其目的是调节货币供应。

3. 直接信用控制：中央银行基于质与量的信用控制目的，依据有关法令，对商业银行创造信用业务加以各种直接干预的总称。

4. 间接信用指导：中央银行对商业银行和其他金融机构发出通告、指示或与各金融机构的负责人举行面谈，劝告其遵守政府政策并自动采取贯彻政策的相应措施。

5. 货币政策时滞：货币政策从制定到获得主要或全部的效果的时间间隔。它由两部分组成，分别是内部时滞和外部时滞。

二、单选题

1-5　DCACA　　6-10　DBBAD　　11-15　BCACA

16-20　BCDBA　　21-23　BDB

三、多选题

1. ABD　2. AC　3. ABC　4. CD　5. ABCD

6. BCD　7. ACD　8. AD　9. AB　10. BD

11. ABCD　12. AC　13. ABC　14. ABC　15. ABC

16. AC　17. CD　18. ABC

四、判断题

1-5　××√√√×　　6-10　×√√××　　11-15　√√×√√

16-20　√×√××　　21-25　√×××√　　26-30　√√√×√

31-35　√√√√×

五、填空题

1. 中央银行
2. 凯恩斯
3. 提高
4. 法定存款准备金率
5. 法定存款准备金率

六、简答题

1.(1)法定存款准备金率政策的优点。

在实行中央银行制国家,法定存款准备率往往被视作中央银行重要的货币政策手段之一。中央银行调整法定存款准备金率对金融机构以及社会信贷总量的影响较大。从直观上看,中央银行规定的法定存款准备金率越高,商业银行等上缴的存款准备金就越多,其可运用的资金就越少,从而导致社会信贷总量减少。

反之,如果中央银行规定的法定存款准备金率低,商业银行等上缴的存款准备金就少,其可运用的资金来源就多,从而导致社会信贷量增大。

(2)法定存款准备金率政策的缺点。

虽然法定存款准备金率的调整对社会货币供应总量有较大的影响,但很多国家尤其是西方国家的中央银行在实施货币政策时往往把重点放在再贴现率的调整和公开市场业务上。因为调整法定存款准备金率虽然能带来在调整货币供应总量政策上事半功倍的效果,但它给社会带来的副作用也是很明显的。

法定存款准备金率的微小变动也会引起社会货币供应总量的急剧变动,迫使商业银行急剧调整自己的信贷规模,从而给社会经济带来巨大影响。尤其是当中央银行提高法定存款准备金率时,社会信贷规模骤减,使很多生产没有后继资金投入,进而带来一系列的问题。因此,各国中央银行在调整法定存款准备金率时往往比较谨慎。

2.(1)公开市场业务又称公开市场操作,是指中央银行在金融市场上公开买卖政府债券以控制货币供给和利率的政策行为。它从两个方面控制货币供给,影响利率,进而稳定经济。①买卖债券将直接增减商业银行的准备金,影响银行的信贷,进而影响消费和投资支出,影响国民经济。②政府买卖债券将引起债券市场的供求变化,进而影响债券价格以及市场利率。当中央银行买进债券时,债券需求增加,债券价格会上升,这意味着利率下降。反之亦然。

(2)作为最主要工具的货币政策,公开市场操作具有其他政策工具难以比拟的优点:①能按中央银行主观意图进行,不像贴现政策那样中央银行只能用变动贷款条件或借款成本的间接方式鼓励或限制其借款数量;②中央银行可通过买卖政府债券把商业银行的准备金有效控制在自己想要发展的规模;③操作规模可大可小,交易方法和步骤也可随意安排,更便于保证准备金率调整的精确性;④不像法定准备金率及再贴现率政策那样具有很大的行为惯性(准备金率及再贴现率不可以轻易变动),在中央银行根据市场情况认为有必要改变调节方向时,业务容易逆转。

第十章　通货膨胀与通货紧缩

第一部分　本章学习目标与重难点

一、本章学习目标

理解通货膨胀的含义;了解通货膨胀的主要指标;了解通货膨胀的分类;掌握通货膨胀的原因;掌握治理通货膨胀的对策;理解通货紧缩的含义;掌握通货紧缩的原因;掌握治理通货紧缩的对策。

二、重难点

重点:通货膨胀及通货紧缩的产生原因;治理通货膨胀及通货紧缩的对策。

难点:治理通货膨胀及通货紧缩的对策。

第二部分　本章思维导图与知识要点

一、本章思维导图

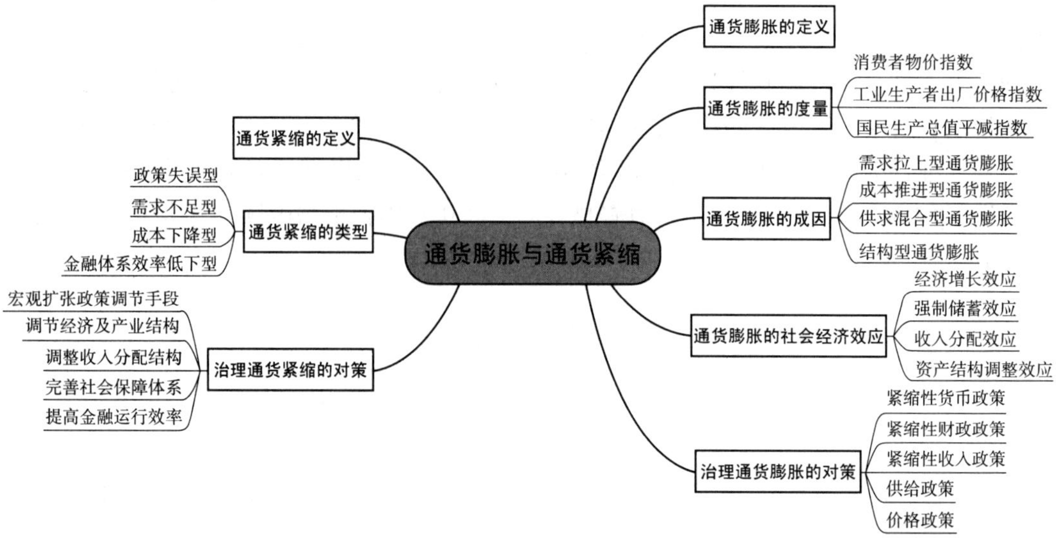

二、知识要点

(一)通货膨胀的定义

通货膨胀是指在纸币流通条件下,因货币供给量超过实际货币需求量而引起的一般物价水平持续上涨的经济现象。

(二)通货膨胀的度量标准

(1)消费者物价指数。
(2)工业生产者出厂价格指数。
(3)国民生产总值平减指数。

(三)通货膨胀的成因

1. 需求拉上型通货膨胀
(1)财政赤字。
(2)消费需求膨胀。
(3)投资需求膨胀。
(4)信用膨胀。
2. 成本推进型通货膨胀
(1)工资成本推进型通货膨胀。
(2)利润推进型通货膨胀。
(3)进口成本推进型通货膨胀。
3. 供求混合型通货膨胀
拉中有推,推中有拉。
4. 结构型通货膨胀
(1)需求结构移动型通货膨胀。
(2)部门差异型通货膨胀。
(3)斯堪的纳维亚型通货膨胀。
(4)瓶颈制约型通货膨胀。

(四)通货膨胀的社会经济效应

(1)经济增长效应。
(2)强制储蓄效应。
(3)收入分配效应。
(4)资产结构调整效应。

(五)治理通货膨胀的对策

(1)紧缩性货币政策。

(2)紧缩性财政政策。
(3)紧缩性收入政策。
(4)供给政策。
(5)价格政策。

(六)通货紧缩的定义

通货紧缩是指在纸币流通条件下,因有效需求不足而引起的一般物价水平持续下跌的经济现象。

(七)通货紧缩的类型

(1)政策失误型。
(2)需求不足型。
(3)成本下降型。
(4)金融体系效率低下型。

(八)治理通货紧缩的对策

1. 宏观扩张政策调节手段
(1)扩张性货币政策。
(2)扩张性财政政策。
2. 调节经济及产业结构
(1)促进经济均衡发展。
(2)促进传统产业升级。
3. 调整收入分配结构
4. 完善社会保障体系
5. 提高金融运行效率

第三部分 练习题

一、名词解释

1. 通货膨胀
2. 通货紧缩
3. 国民生产总值平减指数
4. 消费者物价指数
5. 工业生产者出厂价格指数
6. 需求拉上型通货膨胀

7. 成本推进型通货膨胀
8. 供求混合型通货膨胀
9. 结构型通货膨胀

二、单选题

1. 通货膨胀引起的物价上涨指(　　)。
A. 一般物价总水平的持续上涨　B. 个别商品物价的上涨
C. 短期性物价上涨　D. 季节性物价上涨

2. 我国在计划经济体制下的通货膨胀主要表现为(　　)。
A. 公开性通货膨胀　B. 隐蔽性通货膨胀
C. 无通货膨胀　D. 恶性通货膨胀

3. 在通货膨胀的过程中,下列经济主体会得利的是(　　)。
A. 债权人　B. 债务人
C. 货币财富持有者　D. 靠固定收入维持生活的人

4. 在治理通货膨胀的对策当中,不属于财政方面的紧缩政策的是(　　)。
A. 削减政府支出
B. 限制公共事业投资
C. 制定物价、工资管制政策
D. 增加赋税,以抑制私人企业投资和个人消费支出。

5. 下列不属于通货紧缩三要素定义的是(　　)。
A. 经济衰退　B. 物价水平持续下降
C. 社会总需求下降　D. 货币供应量持续下降

6. 认为通货膨胀是社会经济结构方面的因素所导致的是(　　)。
A. 成本推进说　B. 结构型通货膨胀说
C. 需求拉上说　D. 供求混合推进说

7. 通货膨胀时期从利息和租金中取得固定收入的人将(　　)。
A. 不确定　B. 遭受损失　C. 增加收益　D. 不受影响

8. 在通货膨胀中,最大的受益者是(　　)。
A. 农民　B. 国家公务员　C. 企业主　D. 国家

9. 最严重的恶性通货膨胀的最终结果是(　　)。
A. 投机盛行　B. 突发性的商品抢购
C. 货币制度崩溃　D. 挤兑银行

10. 通货膨胀对策中,通过公开市场业务出售政府债券属于(　　)。
A. 改善供给　B. 收入指数化政策
C. 紧缩性货币政策　D. 紧缩性财政政策

11. 在通货紧缩中,债务人的负担将(　　)。

A. 不确定　B. 不变　C. 加重　D. 减轻

12. 通货膨胀可能使(　　)从中受益。

A. 债务人　B. 固定收入人群

C. 货币财富值持有者　D. 债权人

13. 假设某国B年国民生产总值按当年价格计算为450亿元人民币,而按A年基年价格计算则为300亿元人民币。则B年物价比A年上涨了(　　)。

A. 150%　B. 100%　C. 67%　D. 50%

14. 能及时反映消费品供给与需求的对比关系,资料容易搜集,公布次数较为频繁的物价指数是(　　)。

A. 批发价格指数　B. 消费者物价指数

C. 国民生产总值平减指数　D. 工业生产者出厂价格指数

15. 通货膨胀表现为物价水平上涨,这里"物价水平"是指(　　)。

A. 个别商品物价　B. 地区商品物价　C. 一般物价水平　D. 特种商品价格

16. 发生温和式通货膨胀时,特价水平大约在(　　)。

A. 1% 左右　B. 2.5% 左右　C. 5% 左右　D. 10% 左右

17. 大多数国家用来衡量通货膨胀的指标是(　　)。

A. 消费物价指数　B. 批发物价指数

C. 工业物价指数　D. 国民生产总值平减指数

18. 能够较为全面反映总体物价水平变化趋势的指标是(　　)。

A. 消费者物价指数　B. 批发物价指数

C. 工业物价指数　D. 国民生产总值平减指数

19. 关于"通货膨胀"描述正确的是(　　)。

A. 通货膨胀就是物价上涨

B. 通货膨胀就是货币供给过多

C. 通货膨胀就是总体物价水平持续上涨

D. 通货膨胀就是总体物价水平持续明显上涨

20. 认为通货膨胀的原因在于经济发展过程中社会总需求大于总供给,从而引起一般物价水平持续上涨,这种理论是(　　)。

A. 需求拉上论　B. 成本推进论　C. 结构失衡论　D. 外国输入论

21. 把通货膨胀归咎于产品成本提高的是(　　)。

A. 凯恩斯主义　B. 后凯恩斯学派　C. 现代货币主义　D. 马克思主义

22. 通货膨胀对策中,通过公开市场业务出售政府债券属于(　　)。

A. 控制需求　B. 改善供给　C. 扩张性货币政策　D. 紧缩性财政政策

23. 通货膨胀对策中,冻结工资和物价属于(　　)。

A. 控制需求　B. 改善供给　C. 紧缩性收入政策　D. 紧缩性财政政策

24. 通货紧缩的特点是(　　)。

A. 部分物价持续下跌　B. 总体物价持续下降

C. 地区价格差距拉大　D. 商品价格波动性加大

25. 通货膨胀的含义特别强调物价(　　)。

A. 季节性波动　B. 持续性上涨　C. 规律性上涨　D. 调节性上涨

26. 抑制型通货膨胀的原因是(　　)。

A. 价格双轨制　B. 市场定价　C. 官方定价　D. 行业定价

27. 国际传播型通货膨胀的价格传导途径是(　　)。

A. 商品进口　B. 商品出口　C. 资本流入　D. 资本流出

28. 通货膨胀对生产产生破坏作用的机理是(　　)。

A. 商品供大于求　B. 商品供不应求

C. 价格异常波动　D. 价格的混乱和扭曲

29. 当发生恶性通货膨胀时,公众应该更多地持有(　　)。

A. 存款　B. 证券　C. 房地产　D. 黄金

30. 如果通货膨胀高于名义收益率,那么实际收益率(　　)。

A. 大于零　B. 等于零　C. 小于零　D. 无法确定

31. 当发生通货膨胀时,消费者最好(　　)。

A. 增加消费　B. 减少消费　C. 信用消费　D. 增加储蓄

32. 抑制通货膨胀采取的紧缩性货币政策是(　　)。

A. 提高法定存款准备金率　B. 增加现钞发行

C. 降低再贴现率　D. 降低利率

33. 实行扩张的收入政策以缓解通货紧缩的矛盾,主要是增加(　　)。

A. 高收入居民收入　B. 中等收入居民收入

C. 低收入居民收入　D. 中低收入居民收入

34. 在缓解通货紧缩问题而实施的扩张性财政政策中,能起到“立竿见影”效果的是(　　)。

A. 减少税收　B. 提高税率　C. 增加财政支出　D. 减少财政开支

三、多选题

1. 根据通货膨胀是否直接表现为上涨,通货膨胀可分为(　　)。

A. 公开性通货膨胀　B. 隐蔽性通货膨胀

C. 严重的通货膨胀　D. 恶性的通货膨胀

2. 根据形成原因不同,通货膨胀可分为(　　)。

A. 需求拉上型　B. 成本推进型　C. 结构型　D. 滞涨型

3. 衡量通货膨胀的指标通常有(　　)。

A. 消费者物价指数　B. 生活费用指数
C. 工业生产者出厂价格指数　D. 国民生产总值平减指数
4. 成本推进型通货膨胀具体可分为(　　)。
A. 原材料推进型　B. 工资成本推进型　C. 利润推进型　D. 固定资产推进型
5. 在通货膨胀中,经济主体更愿意持有(　　)。
A. 固定收益的债券　B. 房产
C. 黄金　D. 货币
6. 根据人们对通货膨胀的不同认识,通货膨胀对经济的影响可分为(　　)。
A. 促进论　B. 货币幻觉论　C. 中性论　D. 促退论
7. 各国采用的度量通货膨胀程度的标准主要有(　　)。
A. 消费者物价指数　B. 采购经理指数
C. 工业生产者出厂价格指数　D. 国民生产总值平减指数
8. 抑制通货膨胀的宏观政策操作包括(　　)。
A. 降低货币供给量的增长率　B. 提高利率
C. 提高货币供给量的增长率　D. 减少政府购买
9. 在通货膨胀过程中,下列经济个体会得利的是(　　)。
A. 货币财富持有者　B. 实际财富持有者
C. 债务人　D. 固定收入者
10. 通货紧缩的特征包括(　　)。
A. 货币供应量的持续减少　B. 经济增长率上升
C. 物价水平下降　D. 失业率上升
11. 下列类型的通货膨胀属于成本推进型通货膨胀的是(　　)。
A. 利润推进型通货膨胀　B. 工资成本推进型通货膨胀
C. 进口成本推进型通货膨胀　D. 需求移动型通货膨胀
12. 通货膨胀对生产的影响有(　　)。
A. 通货膨胀对生产增长有长期的刺激作用
B. 通货膨胀容易引发资金从非生产型行业向生产型行业流动
C. 通货膨胀容易引发资金从生产型行业向非生产型行业流动
D. 通货膨胀会引起产业结构失衡
13. 通货膨胀现象具备的基本特点是(　　)。
A. 货币供给过多　B. 引起货币贬值
C. 一般物价水平明显上涨　D. 货币购买力下降
E. 物价指数上升
14. 根据通货膨胀的严重程度可以将通货膨胀分为(　　)。
A. 温和式通货膨胀　B. 爬行式通货膨胀
C. 急剧通货膨胀　D. 恶性通货膨胀

E. 预期通货膨胀

15. 发生通货膨胀时，相对受益较大的是(　　)。

A. 利润收入者　B. 垄断性企业　C. 借款人　D. 存款人

E. 政府

16. 治理通货膨胀可采取紧缩的货币政策，主要手段包括(　　)。

A. 通过公开市场购买政府债券　B. 提高再贴现率

C. 通过公开市场出售政府债券　D. 提高法定存款准备金率

E. 降低再贴现率

17. 据形成原因可将通货膨胀分为(　　)。

A. 需求拉上型通货膨胀　B. 体制型通货膨胀

C. 成本推进型通货膨胀　D. 结构型通货膨胀

E. 供求混合型通货膨胀

18. 治理通货膨胀的对策包括(　　)。

A. 宏观扩张政策　B. 宏观紧缩政策　C. 增加有效供给　D. 增加收入政策

E. 指数化方案

19. 通货膨胀的各种效应包括(　　)。

A. 经济增长效应　B. 强制储蓄效应

C. 收入分配效应　D. 资产结构调整效应

20. 成本推进也可能导致通货膨胀，而生产成本提高的主要因素是(　　)。

A. 工资与物价螺旋上升　B. 垄断商品的价格垄断

C. 追求高额利润　D. 工资结构不合理

E. 收入结构不平衡

21. 即使在总供求相对平衡的条件下，某些结构失调性因素也可能导致通货膨胀，这些因素包括(　　)。

A. 经济发展的瓶颈制约　B. 商品和服务的需求移动

C. 产业结构不合理　D. 劳动生产率增长速度的差异

E. 部门收入结构不合理

四、判断题

1. 通货膨胀不是指一次性或短期的价格总水平的上升，只有当价格持续的上涨作为趋势不可逆转时，才可称为通货膨胀。(　)

2. 在物价管制的情况下，不可能发生通货膨胀。(　)

3. 货币主义学派认为，通货膨胀无论何时何地都是一种货币现象。(　)

4. 指数化政策通常指按物价变动情况自动调整收入的一种分配方案。(　)

5. 通货膨胀对社会收入分配没有影响。(　)

6. 治理通货膨胀可以通过增加商品和劳务供给来平抑物价。 ( )

7. 通货紧缩表现为物价持续下跌,从而货币购买力提高,因此有利于在通货膨胀期间,由于货币贬值,居民将不愿持有货币或进行储蓄,使货币的储藏手段职能弱化。恶性的通货膨胀还可能妨碍货币流动手段和支付职能的发挥。 ( )

8. 在名义利率不变的情况下,通货紧缩会降低债务的真实利率。 ( )

9. 通货膨胀就是物价上升。 ( )

10. 批发物价指数只计算了商业周期中生产环节和批发环节上的价格变动,没有包括商品最终销售时的价格变动。 ( )

五、填空题

1. 治理通货膨胀主要措施是( )的财政金融政策、收入政策和供应政策。

2. 凯恩斯的通货紧缩理论认为资本主义之所以会发生世界生产过剩危机,产生失业与严重的通货紧缩,根本原因在于( )不足。

3. 通货紧缩的三要素定义是指( )持续下降、货币供给量持续下降和经济衰退。

4. "成本推进论"一般将通货膨胀成因归为( )推进和利润推进两种类型。

5.( )是度量通货膨胀和通货紧缩的主要标志。

六、简述题

1. 简述通货膨胀的效应。

2. 如何判定通货膨胀的存在?通货膨胀现象有何显著特征?

3. 发生通货紧缩会产生哪些效应?

4. 在治理通货紧缩的过程中,使用扩张的财政政策时需要注意哪些问题?

5. 简述成本推进型通货膨胀的发生机理。

七、计算题

1. 某居民拥有的资产为存款 10 000 元、可变资产 12 000 元,同时还有 30 000 元的负债。某一时期发生较为严重的通货膨胀,通货膨胀率高达 100%。试计算该居民在通货膨胀发生前后其资产净值有何变化?

2. 某存款人将 5 000 元钱存入银行,一年期整存整取定期存款年利率为 3.5%。假设在这一年里,通货膨胀率达到 5%。试计算一年后该存款人获得的实际收益是多少?

八、案例分析题

（一）案例一

根据年度经济统计数据显示，中国 2007 年居民消费价格指数（CPI）同比上涨 4.8%，比上年提高 3.3 个百分点。CPI 同比涨幅持续扩大。各季度平均同比涨幅逐步扩大，分别为 2.7%、3.6%、6.1% 和 6.6%。工业品价格呈现前期涨势平稳，后期涨幅明显扩大的态势。原材料、燃料、动力购进价格同比上涨 4.4%，其中各季度同比分别上涨 4.1%、3.6%、3.7% 和 6.3%；工业品出厂价格同比上涨 3.1%，其中各季度同比分别上涨 2.9%.2.7%、2.6% 和 4.4%；农业生产资料价格同比上涨 7.7%，其中各季度同比分别上升 4.2%、6.2%、8.7% 和 11.5%。

2008 年 CPI 同比上涨 5.9%，涨幅比上年提高 1.1 个百分点。CPI 同比涨幅前高后低。2008 年 2 月，CPI 同比涨幅达到 8.7%，创下 1996 年以来的新高；此后 CPI 从高位开始回落。CPI 全年各季度同比涨幅为 8%、7.8%、5.3% 和 2.5%。2008 年，工业品出厂价格同比上涨 6.9%，比上年提高 3.8 个百分点；原材料、燃料、动力购进价格同比上涨 10.5%，比上年提高 6.1 个百分点。工业品价格前期涨势明显，后期急剧回落。原材料、燃料、动力购进价格同比涨幅在 2008 年 7 月份达到 15.4% 的高点，工业品出厂价格同比涨幅在 2008 年 8 月份达到 10.1% 的高点；此后，生产者价格涨幅急剧回落。工业品出厂价格全年各季度同比分别上涨 6.9%、8.4%、9.7% 和 2.5%，原材料、燃料、动力购进价格各季度同比分别上涨 9.8%、12.4%、14.9%、4.8%，农业生产资料价格各季度同比分别上涨 17.5%、23.8%、23.8% 和 16.2%。

请回答以下问题。

1. 2007—2008 年中国发生的通货膨胀有何特点？主要原因是什么？

2. 针对出现的通货膨胀现象，采取了何种治理措施。

（二）案例二

一无所有的“百万富翁”

“百万富翁”希卡姆巴的职业是津巴布韦的一名出租车司机。他成天开着他那破瘪的汽车在首都哈拉雷兜揽生意。希卡姆巴每揽到一个生意，起步收费总在 100 万津元以上。或许你会觉得那是一个天文数字，但是事实上津巴布韦官方通货膨胀率已经接近 1 000%，这打破了非战争状态国家通货膨胀率历史纪录，市场通货膨胀率则更高。

津巴布韦无疑成了全球“百万富翁”最多的国家，但它同时也是全球最穷的国家之一。事实上，每一个来到首都哈拉雷豪华现代、气派十足的机场的海外游客，摇身一变就成了“百万富翁”。根据津巴布韦的官方汇率，每 10 美元就可以换到 10.1 万津元，而黑市上的汇率则是官方汇率的两至三倍。

希卡姆巴说：“是的，我是一个百万富翁，一个什么也买不起的‘百万富翁’。津巴布韦现在遍地都是‘百万富翁’。我们是一个盛产‘百万富翁’的国家，但是我们也一无所有。”

请回答以下问题。

1. 津巴布韦那么多的“百万富翁”都是怎么产生的？

2. 什么是通货膨胀？通货膨胀有哪些危害？

第四部分 答案解析

一、名词解释

1. 通货膨胀：市场上的货币供应量超过了商品生产和流通对货币的客观需要量而引起的货币贬值、一般物价水平持续上涨的经济现象。

2. 通货紧缩：是与通货膨胀相对立的一个概念，通货紧缩从本质上说是一种货币现象，它在实体经济中的根源是总需求对总供给的偏离，或现实经济增长率对潜在经济增长率的偏离，表现为一般物价水平的持续下跌，它通常与经济衰退相伴相随，表现为投资机会相对减少和投资的边际收益下降。

3. 国民生产总值平减指数：按现行价格计算的国民生产总值与按不变价格计算的国民生产总值的比率。所谓按不变价格计算，实际上是按照某一基期年份的价格进行计算。

4. 消费者物价指数：也称为零售物价指数或生活费用指数，它反映消费者为购买消费品而付出的价格的变动情况。

5. 工业生产者出厂价格指数：是某个时期内工业企业产品第一次出售时价格变动的相对数，它反映全部工业产品出厂价格变化趋势和变动幅度。

6. 需求拉上型通货膨胀：总需求的不断增长超过总供给的增加所导致的通货膨胀。由于“太多的货币追求太少的商品”，使包括物资与劳务在内的总需求超过了按现行价格可得到的总供给，因而引起货币贬值、物价总水平上涨。

7. 成本推进型通货膨胀：通货膨胀的根源不在于总需求的过度，而在于产品成本的上升。

8. 供求混合型通货膨胀：尽管理论上可将通货膨胀的成因分为需求拉上型和成本推进型，但现实经济中需求因素和供给因素往往是混合在一起共同发生作用的，这类通货膨胀被称为供求混合型通货膨胀。

9. 结构型通货膨胀：即使经济中总供给和总需求处于均衡状态，经济内部结构方面的变动也引发一般物价水平的上涨。

二、单选题

1-5 A B B C C　　6-10 B B D C C　　11-15 C A D B C

16-20 B A D D A　　21-25 C D C D B　　26-30 A A D D C

31-34 C A D C

三、多选题

1. AB	2. ABC	3. ACD	4. BC	5. BC
6. ACD	7. ACD	8. ABD	9. BC	10. ACD
11. ABC	12. CD	13. ABCDE	14. ABCD	15. ABCD
16. BCD	17. ACDE	18. BCD	19. ABCD	20. ABC
21. ABD				

四、判断题

1-5　√ × √ √ ×　　　6-10　√ √ × × √

五、填空题

1. 紧缩性
2. 有效需求
3. 一般物价水平
4. 工资
5. 一般物价水平

六、简答题

1. 答:通货膨胀对经济的影响可以分为四个方面:对生产环节的影响;对流通环节的影响;对分配环节及消费环节的影响。

(1)经济增长效应。通货膨胀对整个经济的产量与就业水平的影响。通货膨胀初期会引发销量和产量的增加,带来经济增长。

(2)强制储蓄效应。政府为弥补财政赤字向中央银行借债透支,会直接或间接增大货币发行,引起通货膨胀,从而强制增加全社会的储蓄总量。货币贬值时,公众在名义收入不变的条件下,按原有模式进行消费和储蓄的实际额均减少,其差额部分就是强制储蓄的部分。

(3)收入分配效应。通货膨胀对社会不同集团的人有不同的影响,会使一些人从中受益,也会使一些人由此受害。我们从以下一些利益集团来进行分析。

(4)财产结构调整效应。一般而言,财产的货币价值会由于通货膨胀而变动,有的财产会升值,而有的会贬值,债务则会由于通货膨胀而减少。

2.(1)通货膨胀的含义。通货膨胀是指在一定时期内,由于货币供应量过多,超过流通对货币的客观需求而引起的货币贬值、物价总水平持续上涨的现象。

（2）通货膨胀的度量指标。度量通货膨胀的严重程度一般有消费物价指数、批发物价指数和国民生产总值平减指数，但大多数国家都直接用消费物价指数来度量通货膨胀。

（3）通货膨胀发生时明显表现为纸币供给过多，纸币贬值，总体物价水平持续、明显上涨。物价水平的波动是普遍物价水平的波动，而不仅仅是地区性的或某类商品及服务的价格波动；持续上涨说明通货膨胀并非偶然的价格大幅度波动，而是一个"过程"，并且这个过程有上涨的趋向。

3.（1）通货紧缩对投资的影响。

通货紧缩对投资的影响主要是通过影响投资成本和投资收益发生作用的，并通过资产价格变化对投资产生间接影响，还经常伴随着证券市场的萎缩。

（2）通货紧缩对分配环节的影响。

在通货紧缩情况下，普通商品的价格下跌，金融资产也常常面临价值缩水。虽然名义利率很低，但由于物价负增长，实际利率会比通货膨胀时期高出许多。高的实际利率有利于债权人，不利于债务人。不过，如果通货紧缩持续时间很长，而且相当严重，导致债务人失去偿还能力，那么债权人也会受到损失。

（3）通货紧缩对消费环节的影响。

物价下跌对消费需求有两种效应：一是价格效应，二是收入效应。物价的下跌使消费者可以以更低的价格得到同样数量和质量的商品和服务，但也会对消费者产生收入减少的效应。通货紧缩条件下，就业预期和工资收入因经济增幅下降而趋于下降，收入的减少将使消费者缩减消费。如果消费者预期未来价格还会下跌，他们将减少即期的消费或推迟消费。因此，在通货紧缩的情况下，价格效应倾向于使消费者缩减消费，收入效应则使他们缩减支出。

（4）通货紧缩对经济增长的影响。

大多数情况下，物价疲软、下跌与经济增长乏力或负增长是结合在一起的。然而也存在通货紧缩条件下的经济增长。这是由于生产力的提高和技术的进步所产生的价格走低，并不会阻碍经济增长。

4.（1）实行扩张的财政政策。扩张的财政政策主要包括减税和增加财政支出。减税由于涉及税法和税收制度的改变，所以不是一种经常使用的调控手段。财政扩张政策也会受到一定的限制，即财政收入增长和财政赤字规模的可承受能力。此外，财政直接投资主要用于基础设施建设等公共工程，其拉动经济需求的链条较短，因此其作用也有限。

（2）实行扩张的货币政策。扩张的货币政策主要有：降低利率、降低法定存款准备金率、降低再贴现率、中央银行在证券市场上购入债券。实行扩张的货币政策主要通过降低资本成本、增加流通货币量来刺激企业投资和居民消费，有效引导增加投资需求和消费需求。但是扩张的货币政策的效果还要看企业和居民有无需求。

（3）实行扩张的收入政策。如果通货紧缩的主要原因是处于中低层的居民收入过低而导致的消费需求不足，可以通过建立、健全社会保障体系，改善国民收入的分配格局，提高中低层居民的收入水平，缓解通货紧缩的矛盾。

5. 成本的提高主要有多方面的因素，各种使成本上升的因素还可能交织在一起，使得通货膨胀进一步加剧。

（1）工资与物价螺旋上升。工资的增长引起成本的增加，商品价格上涨。物价上涨后，消费量增大，要求工资再一次增长，生产成本继续提高，物价继续上涨，如此工资与物价呈刚性上涨，最终导致通货膨胀。

（2）垄断商品的价格垄断。垄断企业操纵某些垄断商品及其价格后，往往造成以该商品为原材料的企业生产成本的增加，在通货膨胀预期的情况下，带动了其他商品价格的上涨，引起物价总水平上涨，称为供给冲击型通货膨胀。

（3）追求高额利润。成本推动的另一因素是追求高额利润，其前提条件是存在商品和服务销售的不完全竞争市场。在完全竞争市场上，商品价格由供求双方共同决定，没有哪一方能任意操纵价格。但在垄断存在的条件下，卖主有可能操纵市场，使价格上涨速度超过成本支出的增长速度，以赚取高额利润，如果这种行为的目的达到了，就会形成利润推动型通货膨胀。

（4）成本因素之所以会引发严重的通货膨胀，其原因并不在于成本因素本身，而在于某些政府因无法忍受暂时性的失业上升而采取的增加货币供应量的政策。由此可见，成本推进仅仅是物价上涨的最初动因，政府为维持其就业和产出而采取的扩张性政策是价格水平持续上升的必要条件；同时，政府利用财政手段来扩张需求的能力是有限的，只有货币才有持续的扩张需求能力。因此，成本推进型的通货膨胀也主要是一种货币现象。

七、计算题

1. 解：

通货膨胀发生前的资产净值 = 资产总额 − 负债总额 =10 000+12 000−30 000=−8 000（元）

通货膨胀发生后的资产净值 = 存款 + 可变资产现值 − 负债 =10 000+12 000×（1+100%）−30 000=4 000（元）

2. 解：

实际利率 = 名义利率 − 通货膨胀率 =3.5%−5%=−1.5%

实际收益 =5 000×（−1.5%）×1=−75（元），意味着 5 000 元存入银行一年还亏 75 元。

八、案例分析题

（一）案例一

（1）2007—2008 年中国发生的通货膨胀具有的特点：通货膨胀与经济高速增长并存；通货膨胀表现为商品价格的普遍上升；以成本推进为主。

（2）2007 年 11 月中央经济工作会议确定了从紧的货币政策要求，加强银行体系流动性管理,抑制货币信贷过快增长,并明确提出,实施稳健的财政政策和从紧的货币政策,进一步发挥了货币政策在宏观调控中的重要作用,严格控制货币信贷总量和投放节奏。先后出台了扩大加息力度,尽快缓解严重负利率状况;加大力度抑制流动性过剩,控制通货膨胀的源头,包括提高存款准备金率等措施的各种组合治理措施。

(二)案例二

1. 要点提示:

恶性通货膨胀使货币严重贬值,物价普遍暴涨,居民拥有的资产市场价格变为原有的1 000多倍,成为名义上的“百万富翁”。

2. 要点提示:

(1)通货膨胀是指在一定时期内,由于货币供应量过多,超过流通对货币的客观需求而引起的货币贬值、物价总水平持续上涨的现象。

(2)通货膨胀对一国的国民经济将产生重要的影响,特别是对生产与流通、收入与分配、消费与储蓄、货币与信用、财政收支以及社会安定等方面都会有更多负面的影响。

第十一章　国际收支与国际资本流动

第一部分　本章学习目标与重难点

一、本章学习目标

了解外汇的含义和种类;掌握汇率标价法,能用直接和间接两种汇率标价法套算汇率;理解国际货币体系;理解国际储备;了解国际收支的基本概念;了解国际收支平衡表的构成;理解国际收支失衡的主要原因并掌握调节失衡的主要方法。

二、重难点

重点:布雷顿森林体系;牙买加体系;汇率;汇率标价法;国际收支失衡的主要原因及调节失衡的主要方法。

难点:国际收支失衡的主要原因及调节失衡的主要方法。

第二部分　本章思维导图与知识要点

一、本章思维导图

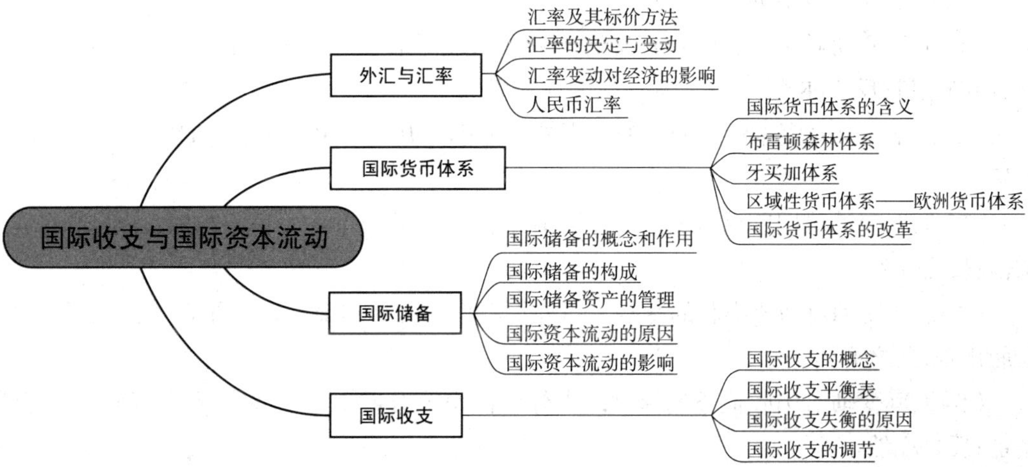

二、知识要点

(一)外汇与汇率

外汇的概念分为动态与静态。动态的外汇是指国际汇兑。日常所说的外汇是指静态的外汇。外汇是指以外国货币所表示的用于国际结算的支付手段,这种支付手段包括外国钞票和以外币表示的信用工具和有价证券。

1. 汇率及其标价方法

汇率是两国货币之间的兑换比率,或者说是两国货币之间的比价,也称为汇价或外汇行市。

汇率有两种标价方法。

(1)直接标价法:也称应付标价法,是以一定单位的外国货币计算应付若干单位的本国货币,或以本国货币表示的外国货币的价格。

(2)间接标价法:也称应收标价法,是以一定单位的本国货币计算应收若干单位的外国货币,或以外国货币表示的本国货币的价格。

2. 汇率的决定与变动

1)汇率的决定

在金本位制度下,汇率决定的基础是铸币平价。

在纸币流通条件下,汇率决定的基础是购买力平价。

2)影响汇率变动的主要因素

①一国的经济状况。

②一国的国际收支状况。

③一国的货币流通状况。

④一国利率水平的变动。

此外,政治因素、政府的各项经济政策、外汇管制、预期心理、金融投机等也会影响汇率变动。

3. 汇率变动对经济的影响

(1)汇率变动对贸易和国际收支的影响。当外汇汇率上升或本币汇率下降时,刺激出口,抑制进口;反之亦然。

(2)汇率变动对资本流动的影响。当外汇汇率上升或本币汇率下降时,资本外流;反之亦然。

(3)汇率变动对国际储备的影响。当外汇汇率上升或本币汇率下降时,国际储备资产增值;反之亦然。

(4)汇率变动对通货膨胀的影响。当外汇汇率上升或本币汇率下降时,物价上升,通货膨胀出现;反之亦然。

(5)汇率变动对国际债务的影响。当外汇汇率上升或本币汇率下降时,该国债务负担增加;反之亦然。

（6）汇率变动对国际经济、金融关系的影响。汇率的大幅度波动，不利于国际经济发展的稳定，带来经济和金融危机。

4. 人民币汇率

（1）人民币汇率的历史回顾。

（2）1994年我国的外汇管理体制改革。

（3）人民币汇率的市场化。

（二）国际货币体系

（1）国际货币体系的含义。

国际货币体系是指为满足国际贸易与国际支付的需求，各国政府对货币在国际范围内发挥世界货币职能所确定的原则、采取的措施和建立的组织形式，包括货币比价的确定、国际收支的调节、国际储备资产的确定、黄金外汇的流动与转移等。

（2）布雷顿森林体系。

1943年，建立以美元为中心的国际货币体系——布雷顿森林体系，内容如下。

①建立永久性的国际金融组织——国际货币基金组织（IMF）。

②美元是主要的国际储备资产，建立美元-黄金本位制。

③国际货币基金组织向国际收支逆差的会员国家提供短期的资金融通。

④废除外汇管制。

（3）牙买加体系。

1976年国际货币基金组织的会员国达成了《牙买加协议》，该协定内容如下。

①浮动汇率合法化。

②黄金非货币化。

③提高特别提款权（SDR）在国际储备中的地位。

（4）区域性货币体系——欧洲货币体系。

（5）国际货币体系的改革。

①国际本位货币难以确定。

②国际储备多元化，外汇成为国际储备资产的主体。

③浮动汇率制度长期化。

（三）国际储备

1. 国际储备的概念和作用

国际储备是指一国货币当局所保有的能够随时用来干预外汇市场、支付国际收支差额的资产。国际储备资产的三个特征：可得性、流动性、普遍接受性。

（1）国际储备是一国金融实力和地位的体现。

（2）国际储备可以调节国际收支失衡。

（3）国际储备具有干预外汇市场、调节本国货币汇率的作用。

（4）国际储备是一国举借外债和清偿能力的基础及信用保证。

2. 国际储备的构成

自有储备:黄金储备、外汇储备、在国际货币基金组织的储备头寸、特别提款权(SDR)。

备用信贷:与国际货币基金组织签署的备用贷款协议。

借入储备:互惠信贷协议:两国签署的使用对方货币的协议;本国商业银行的对外短期可兑换货币资产。

3. 国际储备资产的管理

(1)储备需求的数量管理。

影响一国国际储备资产数量的因素主要有:

①一国国际收支状况;

②一国经济发展状况;

③一国的汇率制度;

④一国货币的国际地位;

⑤一国经济周期的变化。

(2)储备资产的质量管理。

储备资产的质量管理主要包括储备资产的形态结构管理、储备资产货币的币种结构管理和外汇储备资产的期限结构管理。

国际资本流动:也称国际资本移动,是指资本从一个国家(或地区)向其他国家(或地区)的流动和转移。

直接投资:包括办新企业、控股、利润再投资。

证券投资:也称间接投资,包括购买债券和股票。

政府信贷:利率低、期限长、附加条件多。

国际金融机构贷款:利率低、期限长、手续多。

中长期出口信贷:与商品出口相联系。

短期资本流动:贸易资本流动、银行资本流动、保值性资本流动、投机性资本流动。

4. 国际资本流动的原因

①追求高额利润。

②追求新技术。

③寻求政治稳定。

④行业竞争的结果。

5. 国际资本流动的影响

①对资本输出国的影响:获得利润,但风险较大。

②对资本输入国的影响:解决了资金问题,但易受投资国的控制和影响。

③对国际经济的影响:资本资源在国际上整合,促进了世界经济的发展,缩小了世界经济发展的差距。

（四）国际收支

1. 国际收支的概念

不同的时期，国际收支的概念是不同的。

（1）16—17 世纪资本原始积累时期：国际收支是一国的对外贸易顺差。

（2）第一次世界大战后：国际收支是一国的外汇收支总额。

（3）第二次世界大战后：国际收支是一国在一定时期内所发生的国际经济交易的全部记录。

（4）国际货币基金组织关于国际收支的定义：国际收支是一个国家在一定时期内对外经济交易的全部内容。

2. 国际收支平衡表

国际收支平衡表就是系统地记录一个国家在一定时期内（通常为一年）全部国际收支项目及金额的统计报表。

国际收支平衡表的编制原理是复式簿记。其分为借方、贷方、差额。收入或负债的增加、资产减少记入贷方；支出或资产增加、负债减少记入借方。

（1）国际收支的调节。

（2）国际收支的平衡与失衡。

国际收支存在着形式上的平衡，实际上的不平衡。原因是国际收支平衡表中的项目可以分为自主性交易和调节性交易。一个国家的自主性交易平衡或基本平衡，不依靠调节性交易来调节，这样的国际收支平衡才是实际的平衡。因此，国际收支平衡是暂时的和相对的，而失衡则是绝对的和永久的。

自主性交易也称事前交易，是指交易者出于自身的交易动机和需要进行的交易，包括经常项目和资本项目中的长期资本收支。

调节性交易也称事后交易，是指在自主性交易产生不平衡时所进行的用以调节自主性交易不平衡而发生的弥补性交易，包括资本项目中的短期资本和国际储备项目的变动。

3. 国际收支失衡的原因

（1）经济发展周期变化，即繁荣和萧条对国际收支的影响。

（2）经济结构，就是各国经济布局和产业结构因国际市场需求变化而产生对该国国际收支的影响。

（3）货币流通状况，就是一国通货膨胀或通货紧缩对该国国际收支的影响。

（4）本币汇率的上升或下降对该国国际收支的影响。

此外，政局动荡、宏观经济政策、自然灾害、战争等因素也会影响一国国际收支的平衡。

4. 国际收支的调节

一国国际收支失衡严重，会影响一国对外交往的能力和信誉，不利于国内的经济发展。因此，必须采取措施进行调节，调节方法主要有以下几个方面。

（1）外汇缓冲政策：一国中央银行通过买卖黄金和外汇储备，来弥补国际收支不平衡形成的外汇供求缺口。

（2）财政政策：一国财政部门用扩大或缩小财政开支和提高或降低税率的方法来平衡国际收支。

（3）货币政策：中央银行通过改变再贴现政策和法定存款准备金政策，影响利率或信贷规模，从而达到平衡国际收支的目的。

（4）汇率政策：一国通过调整汇率来实现国际收支平衡的政策措施。

（5）直接管制：政府通过发布行政命令，对国际经济交易进行行政干预，以求国际收支平衡的政策措施。

第三部分 练习题

一、名词解释

1. 外汇 2. 汇率 3. 固定汇率制度 4. 浮动汇率制度 5. 外汇管理 6. 国际收支 7. 国际储备

二、单选题

1. 直接标价法又称（ ）。

A. 应收标价法 B. 应付标价法 C. 官定标价法 D. 均不是

2. 国际上采用最多的汇兑汇率是（ ）。

A. 票汇汇率 B. 信汇汇率 C. 套算汇率 D. 电汇汇率

3. 升水是指（ ）。

A. 远期汇率大于即期汇率 B. 远期汇率小于即期汇率

C. 远期汇率等于即期汇率 D. 都不是

4. 以推动本国出口贸易的发展，改善国际收支为主要目的的汇率为（ ）。

A. 金融汇率 B. 固定汇率 C. 贸易汇率 D. 浮动汇率

5. 随外汇市场的供求而自由波动的汇率是（ ）。

A. 市场汇率 B. 官定汇率 C. 公定汇率 D. 浮动汇率

6. 影响汇率波动的最为直接的因素是（ ）。

A. 国际收支 B. 通货膨胀

C. 利率 D. 经济增长率

7. 影响汇率波动的基础是（ ）。

A. 国际收支 B. 通货膨胀

C. 利率 D. 经济增长率

8. 自由浮动汇率制度又称（ ）。

A. 清洁浮动　B. 肮脏浮动　C. 单独浮动　D. 联合浮动

9. 管理浮动汇率制度又称(　　)。

A. 清洁浮动　B. 肮脏浮动　C. 单独浮动　D. 联合浮动

10. 由国家授权中央银行管理外汇的国家是(　　)。

A. 法国　B. 日本　C. 意大利　D. 英国

11. 由国家行政部门直接负责外汇管理的国家是(　　)。

A. 法国　B. 日本　C. 意大利　D. 英国

12. 对汇率的间接管理就是以(　　)为"缓冲体"来稳定汇率水平。

A. 货币行政当局　B. 货币管理机构　C. 外汇平准基金　D. 财政部

13. 作为两种货币之间的兑换比率,汇率是一个(　　)的概念。

A. 质　B. 量　C. 货币　D. 纸币

14. 两国货币的含金量之比,是(　　)。

A. 基准汇率　B. 市场汇率　C. 汇率　D. 利率

15. (　　)是决定外汇汇率的长期基本因素。

A. 国际收支　B. 国际汇兑　C. 国际结算　D. 国际信用

16. 汇率风险是指在不同货币的相互兑换或折算中,因汇率变动,致使经济主体蒙受经济损失的(　　)。

A. 必然性　B. 可能性　C. 偶然性　D. 确定性

17. 汇率风险的(　　)是汇率发生变动。

A. 充分条件　B. 必要条件　C. 结果　D. 充要条件

18. 外汇管理起源于(　　),一直延续到现在。

A. 中世纪　B. 第一次世界大战期间

C.19 世纪初　D. 第二次世界大战期间

19. 汇率风险的(　　)是有关经济主体蒙受经济损失。

A. 充分条件　B. 必要条件　C. 结果　D. 充要条件

20. 从外汇买卖背景下的交易风险来看,这种情形交易风险的承受主体是(　　)。

A. 中央银行　B. 商业银行　C. 企业　D. 消费者

21. (　　)是指在签订的对外经济贸易合同中所使用的计价结算或计值清偿的货币。

A. 货币　B. 外汇　C. 合同货币　D. 交换价值

22. 在纸币本位货币制度下,各国以(　　)为本位货币,使汇率的决定及其基础发生了质的变化。

A. 纸币　B. 不兑现的硬币　C. 不兑现的纸币　D. 黄金

23. 在纸币本位货币制度下,各国货币所代表的(　　)是决定彼此汇率的基础。

A. 使用价值　B. 价值量　C. 交换的价值　D. 剩余价值

24. (　　)是指一国金融监管货币当局公开宣布降低本国货币的法定含金量或对外价值,相应降低本国货币或提高外国货币汇率。

A. 法定贬值　　B. 法定升值　　C. 升值　　D. 贬值

25.(　　)是指一国金融监管当局公开宣布提高本货币的法定含金量或对外价值,相应提高本国货币汇率或降低外国货币汇率。

A. 法定贬值　　B. 法定升值　　C. 升值　　D. 贬值

26. 外汇管制的客体为(　　)。

A. 对外贸易　　B. 外汇　　C. 进口方　　D. 出口方

27. 在进口的场合,可以运用(　　)控制汇率风险。

A. 即期外汇交易　　B. 远期外汇交易　　C. 货币期货交易　　D. 货币期权交易

28.(　　)适用于进出口和期限在 1 年以下的短期对外借贷等各种场合。

A. 即期外汇交易　　B. 远期外汇交易　　C. 货币期货交易　　D. 货币期权交易

29. 在套利的场合,可以运用(　　)控制汇率风险。

A. 远期外汇交易　　B. 货币期货交易　　C. 货币期权交易　　D. 掉期交易

30.(　　)是指在国际办理货币收付以清算国际债权债务关系的活动。

A. 国际收支　　B. 国际汇兑　　C. 国际结算　　D. 国际信用

31. 套汇可以有下面的形式(　　)。

A. 地点套汇　　B. 时间套汇　　C. 利息套汇　　D. 以上都是

32. 通常判断一国国际收支是否平衡,主要看其(　　)是否平衡。

A. 经常项目　　B. 资本和金融项目　　C. 自主性交易　　D. 调节性交易

33. 目前各国的国际储备构成中主体是(　　)。

A. 黄金储备　　B. 外汇储备

C. 特别提款权　　D. 在国际货币基金组织中的储备头寸

34. 在编制国际收支平衡表与进行进出口商品统计时,均按(　　)价计算

A. CIF　　B. CFC　　C. FOB　　D. FAC

35. 通过变动官方储备或对外负债来满足超额的外汇需求,这种政策叫作(　　)。

A. 外汇缓冲政策　　B. 财政与货币政策

C. 直接管制　　D. 汇率政策

三、多选题

1. 外汇是(　　)以银行存款、国债券、长短期政府证券形式所持有的在国际收支逆差时可以使用的债权。

A. 货币行政当局　　B. 货币管理机构　　C. 外汇平准基金　　D. 财政部

2. 我国外汇的具体内容包括(　　)。

A. 外国货币　　B. 外国有价证券　　C. 外国支付凭证　　D. 其他外汇资金

3. 外汇的作用表现在(　　)。

A. 促进国际贸易　　B. 便利国际结算

C. 抑制通货膨胀　　D. 调节国际资金供求关系

4. 属于自由货币的有(　　)。

A. 美元　　B. 英镑　　C. 日元　　D. 港币

5. 记账外汇又称(　　)。

A. 单边外汇　　B. 双边外汇　　C. 自由外汇　　D. 协定外汇

6. 汇率也称(　　)。

A. 汇价　　B. 协定汇价　　C. 外汇行市　　D. 自由汇价

7. 采用间接标价法的国家有(　　)。

A. 日本　　B. 英国　　C. 美国　　D. 中国

8. 属于关键货币的是(　　)。

A. 美元　　B. 英镑　　C. 日元　　D. 马克

9. 一国选择的关键货币应具备的条件有(　　)。

A. 在本国国际收支中使用最多　　B. 在本国外汇储备中占比最大

C. 可自由兑换　　D. 国际普遍接受的货币

10. 即期汇率是外汇买卖双方成交后(　　)交割所使用的汇率。

A. 当天或次日　　B. 未来某一日期　　C. 第二个营业日　　D. 三者都是

11. 较有影响的汇率决定理论主要有(　　)。

A. 国际收支论　　B. 购买力平价论　　C. 利率平价论　　D. 资产组合平衡论

12. 影响汇率波动的因素主要有(　　)。

A. 国际收支　　B. 通货膨胀

C. 利率　　D. 经济增长率

13. 浮动汇率制度具体分为(　　)。

A. 自由浮动　　B. 管理浮动　　C. 单独浮动　　D. 联合浮动

14. 实行单独浮动汇率制度的货币是(　　)。

A. 美元　　B. 英镑　　C. 日元　　D. 加拿大元

15. 外汇管理包括(　　)。

A. 外汇管理主体　　B. 外汇管理目的　　C. 外汇管理客体　　D. 外汇管理方法

16. 由国家设立专门的外汇管理机构的国家是(　　)。

A. 法国　　B. 日本　　C. 意大利　　D. 英国

17. 外汇管理的对象包括(　　)。

A. 货币　　B. 基金　　C. 票据　　D. 有价证券

E. 居民　　F. 非居民

18. 对出口贸易的外汇管理采取的措施有(　　)。

A. 出口许可证制　　B. 出口信贷　　C. 出口补贴　　D. 退税

19. 对进口贸易的外汇管理采取的措施有(　　)。

A. 进口许可证制　　B. 进口配额制

C. 进口存款制　　D. 限制商业银行对进口商贷款

20. 外汇平准基金包括(　　)。

A. 黄金　　B. 外汇　　C. 本国货币　　D. 都不是

21. 复汇率制度的形式有(　　)。

A. 固定的差别汇率　　B. 官方汇率　　C. 自由汇率　　D. 外汇转移证制度

E. 官方汇率和自由汇率混合使用制度

22. 金本位货币制度下,汇率的决定表现为下述几方面(　　)。

A. 由于各国货币均为金币,而黄金又是价值实体,因此各国货币都具有价值,使彼此质上相同,量上可相互比较

B. 各国货币所包含的价值量是彼此汇率决定的基础

C. 铸币平价,即两国货币的含金量之比,是基准汇率

D. 市场汇率因受外汇市场供求关系的影响而围绕铸币平价上下波动,但是这种波动的幅度受到黄金输送点自然制约

23. 外汇管理的政策措施包括下述几个方面(　　)。

A. 贸易外汇管理　　B. 非贸易外汇管理　　C. 资本输出入管理　　D. 汇率管理

E. 黄金输出入管理

24. 国际外汇市场的交易主体包括(　　)。

A. 商业银行　　B. 外汇经纪商　　C. 一般顾客　　D. 中央银行

25. 国际外汇市场的外汇交易有以下几种类型(　　)。

A. 即期交易　　B. 远期交易　　C. 套汇套利　　D. 期货期权

26. 外汇管制的措施涉及(　　)等方面。

A. 贸易外汇　　B. 非贸易外汇　　C. 资本外汇　　D. 汇率

27. 综合来看,世界各国实行外汇管理的主要目的是(　　)。

A. 维持国际收支均衡　　B. 稳定本国货币汇率

C. 促进国内物价稳定　　D. 经济增长

28. 国际收支顺差的影响有(　　)。

A. 本币贬值

B. 发生通货膨胀

C. 加剧国内资源紧张

D. 不利于一国发展长期稳定的对外经济联系

29. 国际收支逆差的影响有(　　)。

A. 本币贬值

B. 外汇储备减少

C. 国民收入下降,失业上升

D. 不利于一国发展长期稳定的对外经济联系

30. 紧缩性的财政与货币政策通过(　　)渠道来影响国际收支。

A. 收入效应,其大小取决于边际进口倾向的大小
B. 价格效应,其大小取决于进口供求弹性的大小
C. 利率效应,其大小取决于货币需求的利率弹性的大小与国内外资产的替代性高低
D. 以上答案均不对

31. 从供给角度讲,调节国际收支的政策有(　　)。
A. 财政政策　　B. 货币政策　　C. 产业政策　　D. 科技政策

32. 一国增加国际储备存量的途径有(　　)。
A. 国际收支顺差
B. 政府或中央银行向外借款
C. 金融监管当局为干预外汇市场买入外汇
D. 接受国际货币基金组织分配的特别提款权

33. 一般而言,当一国(　　)时,需要的国际储备量越大。
A. 经济规模越大,对外开放程度越高　　B. 外债负担越大
C. 对国际收支进行直接管制的程度越高　　D. 借用国外资金的能力越强。

34. 政府一般不选择(　　)作为储备资产。
A. 纸币　　B. 公司债券　　C. 股票　　D. 国库券

四、判断题

1. 自由外汇可以随时兑换成他国货币或对第三者进行支付。(　)
2. 记账外汇多用于发达国家的贸易和非贸易往来结算。(　)
3. 运用间接标价法时,外汇汇率下跌则本币汇率也下降。(　)
4. 通过基本汇率套算出本币和其他货币的汇率是套算汇率。(　)
5. 远期汇率大于即期汇率就是贴水。(　)
6. 国际收支逆差,则外汇汇率下跌,本币汇率上涨。(　)
7. 一国利率较低,会导致本国资本外流,则本币汇率上升,外汇汇率下跌。(　)
8. 在不同的货币制度下,汇率的决定基础是截然不同的。(　)
9. 市场汇率在不同的汇率制度下呈现不同的形态。(　)
10. 市场汇率是直接由外汇市场的供求关系决定的。(　)
11. 国际收支是决定外汇供求,从而决定外汇汇率的短期因素。(　)
12. 国际收入决定外汇需求,国际支出决定外汇供给。(　)
13. 只有社会主义国家才实行外汇管制。(　)
14. 货币汇率与国际收支、通货膨胀没有关系。(　)
15. 汇率的不断变动有利于国际经济贸易活动的核算。(　)
16. 汇率频繁波动不会给投机者有可乘之机。(　)
17. 外汇是以外币表示的用于国际结算的支付手段。(　)

18. 纸币制度下外汇供求状况决定外汇汇率的波动。 ( )

19. 外汇市场上最重要的参与者是外汇银行。 ( )

20. 地点套汇能使世界各个外汇市场的汇率水平趋于一致。 ( )

21. 时间套汇是一种即期和远期外汇买卖相结合的交易方式。 ( )

22. 对于居民与非居民的界定是判断交易是否应纳入国际收支统计的关键。 ( )

23. 国际收支平衡表的记账货币是本国货币。 ( )

24. 国际收支平衡表的经常项目和金融项目都是按总额记录的。 ( )

25. 当一国国际收支出现持续的大量顺差时,会对其经济产生不良影响。 ( )

26. 汇率的贬值一定能够产生扩大出口、减少进口的效应。 ( )

27. 特别提款权不仅能用于贸易和非贸易支付,还能在基金组织与各国之间进行官方结算。 ( )

28. 国际收支不平衡是绝对的,平衡是相对的。 ( )

29. 理论上国际收支的不平衡是指自主性交易的不平衡,但在统计上很难做到。 ( )

30. 官方储备项目是典型的自主性交易。 ( )

31. 一般来说,商品、劳务的进出口、单方面转移、资本交易都是自主性交易项目。 ( )

32. 由于一国的国际收支不可能正好相抵,因而国际收支平衡表的最终差额绝不恒为零。 ( )

五、填空题

1. 外汇作为国际结算的( )和( ),是国际政治、经济、文化交流必不可少的工具。

2. 根据外汇在国际收支中的使用范围,可以把外汇划分为( )与( )两类。

3. 两国货币折算的比率就是( )。

4. 以一定单位的外币为标准,折算成一定数额本国货币的标价法,称为( )。

5. 从银行买卖外汇角度划分,汇率分为( )、( )和中间汇率。

6. 按外汇交割时间划分,汇率分为( )与( )。

7. 即期汇率和远期汇率的差额用( )和( )表示。

8. 外汇是指以( )所表示的用于( )的支付手段。

9. 在其他条件不变的情况下,通货膨胀导致本币汇率( )、外汇汇率( )。

10. 汇率制度分为( )和( )两种。

11. 一国政府对外汇及其流动加以控制和监督的措施及制度,就是( ),又被称为( )。

12. 在一定时期内一个国家(地区)和其他国家(地区)进行的全部经济交易的系统记录被称为( )。

13. 国际收支平衡表的标准组成部分包括( )、( )、( )。

14. 金融项目主要包括(　　　)、(　　　)其他投资和储备资产。

15. 判断一国国际收支实质是平衡还是失衡要区分(　　　)交易和(　　　)交易。

16. 一国官方所拥有的可随时用于弥补国际收支赤字、维持本国货币汇率的国际可接受的一切资产是指(　　　),其主要由黄金储备、(　　　)、(　　　)和(　　　)构成。

17. 政府制定官方汇率,一是用于(　　　),二是为(　　　)提供一个标准。

18. 影响汇率变化的主要因素有国际收支、(　　　)、利率水平、(　　　)、(　　　)与(　　　)。

19. 外汇市场是人们进行(　　　)的场所。

20. 外汇市场在形式上有具体与(　　　)之分。

21. 外汇市场的主要参与者可分为以下几类:即(　　　)、(　　　)、(　　　)与中央银行。

22. 国际储备的作用有(　　　)、(　　　)与(　　　)。

六、简答题

1. 影响汇率波动的因素主要有哪些?
2. 外汇管理的目的是什么?
3. 国际收支失衡的原因有哪些?
4. 国际收支失衡对一国经济可能造成什么影响?
5. 试述国际收支调节政策。
6. 试述国际储备的构成与作用。

七、论述题

结合实际,分析人民币升值的原因与影响。

第四部分　答案解析

一、名词解释

1. 外汇:外国货币所表示的用于国际结算的各种支付手段。

2. 汇率:一国货币兑换另一国货币的比率。

3. 固定汇率制度:以货币含金量为制定汇率的基准,一国汇率同其他国家货币的汇率基本固定,汇率波动仅限制在一定幅度之内的汇率制度。

4. 浮动汇率制度:各国货币当局对汇率不加固定,也不规定汇率波动的上下限,由外汇市场供求关系决定汇率，货币当局不承担维持汇率稳定义务的汇率制度。

5. 外汇管理：一国政府对外汇及其流动加以控制和监督的措施及制度。

6. 国际收支：一定时期内一国居民与非居民之间全部经济交易的系统记录。

7. 国际储备：一国货币当局能随时用来干预外汇市场、支付国际收支差额的资产。

二、单选题

1-5 BDACA　6-10 ABABD　11-15 BCBAA

16-20 BBBCB　21-25 CCBAB　26-30 BABDC

31-35 DCBCA

三、多选题

1. ABCD　2. ABCD　3. ABC　4. ABCD　5. BD

6. AC　7. BC　8. ABCD　9. ABCD　10. AC

11. ABCD　12. ABCD　13. ABCD　14. ABCD　15. ACD

16. AC　17. ABCDEF　18. BCD　19. ABCD　20. ABC

21. ADE　22. ABCD　23. ABCDE　24. ABCD　25. ABCD

26. ABCD　27. ABCD　28. BCD　29. ABC　30. AB

31. CD　32. ABCD　33. AB　34. ABC

四、判断题

1-5 √√×√×　6-10 ××√√√　11-15 ×××××

16-20 ×√×√√　21-25 √√××√　26-30 ××√√×

31-32 √×

五、填空题

1. 计价手段 支付工具

2. 自由外汇 记账外汇

3. 汇率

4. 直接标价法

5. 买入汇率 卖出汇率

6. 即期汇率 远期汇率

7. 升水 贴水

8. 外国货币 国际结算
9. 下跌 上涨
10. 固定汇率制度 浮动汇率制度
11. 外汇管理 外汇管制
12. 国际收支
13. 经常项目 资本和金融项目 错误与遗漏
14. 直接投资 证券投资
15. 自主性 调节性
16. 国际储备 外汇储备 储备头寸 特别提款权
17. 官方之间的货币互换 政府干预市场
18. 通货膨胀 经济增长率 财政赤字 心理预期
19. 外汇买卖
20. 抽象
21. 顾客 外汇银行 外汇经纪人
22. 清算国际收支差额 干预外汇市场 信用保证

六、简答题

1.（1）国际收支状况；（2）通货膨胀水平；（3）利率水平；（4）经济增长率的高低；（5）财政赤字等。

2. 外汇管理的目的主要是维护本国货币汇率稳定、平衡国际收支。具体来说包括以下几个方面。

（1）协调本国对外贸易，促进本国经济发展。实行外汇管理，可由国家对一切外汇交易活动实行监督和控制，调整商品进口规模与结构，并且用优惠汇率等办法促进本国商品出口，协调本国的进出口贸易，从而有利于本国经济发展。

（2）稳定外汇汇率，保持国内物价稳定。一国的物价水平与汇率有密切联系。一国国际收支持续顺差，一方面债务国对本币的需求会增加，另一方面由于本币汇率上涨，国际游资就会流进，迫使该国为购买外汇而增加本币投放，导致流通量增多，使流通中货币量超过商品流通需要，从而引起物价上涨。实行外汇管制，可以对一切外汇交易加以限制，由政府干预外汇市场以保持汇率的稳定，从而抑制物价上涨，保证国内物价稳定。

（3）限制资本外逃，改善国际收支。一国国际收支持续逆差，本币汇率就会下跌，短期资本持有者就会将资本大量调往国外，引起资本外流，从而使该国的国际收支状况进一步恶化。实行外汇管制，可通过对外汇收支、出入境等活动的限制，有效防止资本外逃；同时，还可以采取鼓励资本输入的措施，缩小国际收支逆差。这样，该国的国际收支状况就可大大改善。

3. 偶发性和季节性因素、周期性因素、货币性因素、结构性因素、外汇投机和不稳定的国际资本流动。

4.(1)逆差的影响:本币对外贬值;外汇储备减少,国际信誉下降;国民收入下降、失业增加;资本外流;等等。

(2)顺差的影响:本币面临升值压力,不利于生产的扩大和经济的增长;外汇储备增加,导致本币投放过多,加剧通货膨胀压力;恶化国际经济关系;加剧国内资源紧张,不利于经济长远发展。

5. 国际收支调节政策包括:外汇缓冲政策、财政政策、货币政策、汇率政策、直接管制。

6. 国际储备的构成:黄金储备、外汇储备、储备头寸、特别提款权。

国际储备的作用:清算国际收支差额、干预外汇市场、信用保证。

七、论述题

答题要点:一是概述近年来(汇改以来)人民币汇率走势;二是升值的原因(如国际收支顺差、高经济增长速度、升值预期引起的投机、回归合价位);三是升值的影响(利:降低进口成本、保持国际收支基本平衡、防止投机、增长经济主体的市场竞争能力和创新能力、减轻外部压力、处理好国际政治经济关系等。弊:出口下降、国内经济增长放缓、国民收入减少、失业问题加剧)。

第十二章　金融创新与金融危机

第一部分　本章学习目标与重难点

一、本章学习目标

理解金融创新、金融危机、金融监管的含义；掌握银行监管的内容及国际合作协议；理解金融抑制与金融深化理论的主要内容及政策主张；了解互联网金融发展的新业态。

二、重难点

重点：金融危机；金融监管。

难点：金融抑制与金融深化的区分。

第二部分　本章思维导图与知识要点

一、本章思维导图

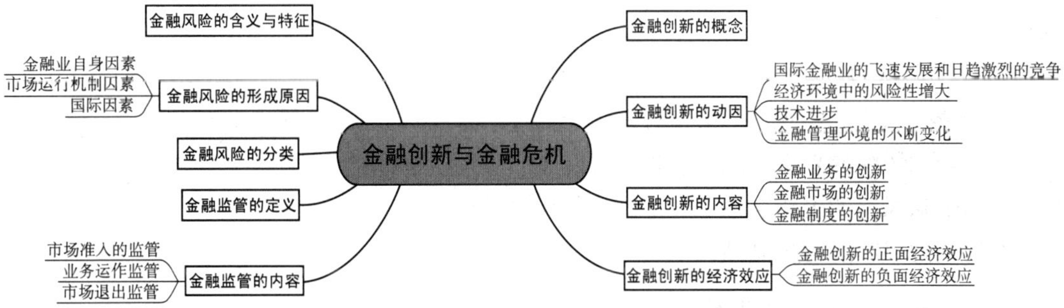

二、知识要点

（一）金融创新的概念

（1）广义的金融创新是指金融业各种要素的重新组合。

（2）金融创新的定义是指由于经济、金融的发展而决定和引发的金融机构、金融业务、金融工具、金融市场及金融管制等金融领域中一系列具有创造性的变革和开发活动。

（二）金融创新的动因

（1）国际金融业的飞速发展和日趋激烈的竞争。

（2）经济环境中的风险性增大。

（3）技术进步。

（4）金融管理环境的不断变化。

（三）金融创新的内容

（1）金融业务的创新。

（2）金融市场的创新。

（3）金融制度的创新。

（四）金融创新的经济效应

（1）金融创新的正面经济效应。

（2）金融创新的负面经济效应。

（五）金融风险的含义与特征

1. 金融风险的含义

金融风险指在金融活动中，由于多种因素发生不确定性的变化，从而导致行为人蒙受损失的可能性。

2. 金融风险的特征

（1）金融风险的客观性和必然性。

（2）金融风险的隐蔽性和突发性。

（3）金融风险的可传递性。

（4）金融风险的可控制性。

（六）金融风险的形成原因

（1）金融业自身因素。

（2）市场运行机制因素。

（3）国际因素。

(七)金融风险的分类

1. 按照风险是否能够通过多样化投资加以分散划分

(1)系统性风险:不能。

(2)非系统性风险:能。

2. 按金融风险产生的具体原因划分

(1)信用风险。

(2)流动性风险。

(3)市场风险:利率风险、汇率风险、证券价格风险。

(4)营运风险:管理风险、操作风险。

(5)政治风险。

(八)金融监管的定义

(1)狭义的金融监管是指金融监管当局依据法律法规和社会公众利益的需要,运用政策和法律手段对各类金融机构和金融市场的所有经营活动实行监督管理的总和。

(2)广义的金融监管除外部监管之外,还包括金融机构内部控制的自律性监管、同业组织的互律性监管、社会中介组织和舆论的社会性监管等。

(九)金融监管的内容

(1)市场准入的监管。

(2)业务运作监管。

(3)市场退出监管。

第三部分　练习题

一、名词解释

1. 金融风险
2. 金融创新
3. 金融监管
4. 系统性风险
5. 非系统性风险
6. 流动性风险
7. 信用风险
8. 市场风险
9. 操作风险

二、单选题

1. 现代金融创新使金融机构表外业务快速发展，由此引发(　　)迅速增加。

A. 流动性风险　B. 市场风险　C. 表外风险　D. 信用风险

2. (　　)是原有金融稳态被破坏，实体经济衰退，福利消失，短期内难以恢复的状态。

A. 贸易危机　B. 金融危机　C. 经济危机　D. 货币危机

3. 系统性金融风险传导途径的源头是(　　)。

A. 汇率风险　B. 信用风险　C. 市场风险　D. 利率风险

4. 金融机构的基本功能包括经纪人功能和资产转换功能。履行资产转换功能的机构包括(　　)。

A. 基金公司　B. 影子银行　C. 证券公司　D. 保险公司

5. 在国际业务中，金融机构还面临(　　)，这是由债务人所在国家因外汇短缺而终止支付或限制支付到期债务而带来的损失。

A. 表外风险　B. 信用风险　C. 市场风险　D. 国家或主权风险

6. 美国"次贷"危机正是信用衍生品过度创新推动的泡沫在(　　)下破裂导致的。

A. 紧缩财政政策　B. 紧缩货币政策　C. 宽松财政政策　D. 宽松货币政策

7. 认为金融过度引发货币危机的是第(　　)代货币危机理论。

A. 二　B. 四　C. 一　D. 三

8. (　　)是金融危机理论中最成熟的理论。

A. 银行挤兑理论　B. 债务危机理论　C. 银行危机理论　D. 货币危机理论

9. (　　)指的是一国或地区国民经济中金融资产总值占国民经济产出总量的比重不断提高的过程和趋势。

A. 经济货币化　B. 金融全球化　C. 经济一体化　D. 经济金融化

10. 经济发展对金融发展起(　　)作用。

A. 决定性　B. 辅助性　C. 一定的　D. 不确定

11. 经济金融化的衡量指标是(　　)。

A. 金融工具比率　B. 金融相关比率　C. 金融部门比率　D. 金融中介比率

12. 随着金融创新与发展，货币需求变得(　　)。

A. 不稳定　B. 增加　C. 稳定　D. 降低

13. 金融创新的活跃程度与货币作用效率成(　　)。

A. 不确定　B. 没关系　C. 正比　D. 反比

14. 总体而言，当代金融创新对金融和经济发展起(　　)作用。

A. 推动　B. 缓解　C. 决定　D. 抑制

15. 2013—2017 年，我国金融市场结构中货币市场以(　　)为主体。

A. 外汇市场　B. 股票交易市场

C. 基金市场　D. 银行间同业拆借、回购市场

16. 经济金融化的具体表现之一是经济与金融相互渗透融合,(　　)成为最基本的经济关系。

A. 信用关系　　B. 买卖关系　　C. 雇佣关系　　D. 分配关系

17. 我国未来应该在市场化导向下以(　　)为重点推动金融发展。

A. 数量增长　　B. 利润最大　　C. 结构优化　　D. 消除贫困

18. (　　)年,在国际清算银行主持下成立了巴塞尔委员会,专门致力于国际银行的监管工作。

A. 1975　　B. 1976　　C. 1974　　D. 1973

19. SDRs 是(　　)。

A. 欧洲经济货币联盟创设的货币

B. 欧洲货币体系的中心货币

C. IMF 创设的储备资产和记账单位

D. 世界银行创设的一种特别使用资金的权利

20. 国际金本位的特点是黄金可以(　　)。

A. 自由买卖、自由铸造、自由兑换　　B. 自由铸造、自由兑换、自由输出入

C. 自由买卖、自由铸造、自由输出入　　D. 自由流通、自由兑换、自由输出入

21. 布雷顿森林体系规定会员国汇率波动幅度为(　　)。

A. ± 10%　　B. ± 2.25%　　C. ± 1%　　D. ± 10%~20%

22. 国际贷款的风险产生的原因是对银行规定法定准备金或对银行征收税款,此类风险属于(　　)。

A. 国家风险　　B. 信贷风险　　C. 利率风险　　D. 管制风险

23. 国际收支平衡表中,记入贷方的是(　　)。

A. 对外资产的净增加　　B. 对外负债净增加

C. 官方储备的增加　　D. 出口贸易的减少

24. 由多家银行联合提供的中长期贷款叫作(　　)。

A. 单边贷款　　B. 双边贷款　　C. 辛迪加贷款　　D. 政府贷款

25. 布雷顿森林协议在对会员国缴纳的资金来源中规定(　　)。

A. 会员国份额必须全部以黄金或可兑换的黄金货币缴纳

B. 会员国份额的 50% 以黄金或可兑换成黄金的货币缴纳,其余 50% 的份额以本国货币缴纳

C. 会员国份额的 25% 以黄金或可兑换成黄金的货币缴纳,其余 75% 的份额以本国货币缴纳

D. 会员国份额必须全部以本国货币缴纳

26. 资本流出是指本国资本流到外国,它表示(　　)。

A. 外国对本国的负债减少　　B. 本国对外国的负债增加

C. 外国在本国的资产增加　　D. 外国在本国的资产减少

27.(　　)促进了国际金融市场的形成和发展。

A. 货币的自由兑换　　B. 国际资本的流动

C. 生产和资本的国际化　　D. 国际贸易的发展

28. 当国际收支的收入数字大于支出数字时,差额列入(　　)以使国际收支人为地达到平衡。

A. 错误和遗漏项目的支出方　　B. 错误和遗漏项目的收入方

C. 官方结算项目的支出方　　D. 官方结算项目的收入方

29. 短期资本流动与长期资本流动除期限不同之外,另一个重要的区别是(　　)。

A. 投资者意图不同

B. 短期资本流动对货币供应量有直接影响

C. 短期资本流动使用的是 1 年以下的借贷资金

D. 长期资本流动对货币供应量有直接影响

30. 汇率波动受黄金输送费用的限制,各国国际收支能够自动调节,这种货币制度是(　　)。

A. 浮动汇率制　　B. 国际金本位制　　C. 布雷顿森林体系　　D. 混合本位制

三、多选题

1. 斯基的“金融不稳定假说”按照“债务 - 收入”关系将经济主体分为(　　)。

A. 抵补型　　B. 套利型　　C. 投机型　　D. 投资型

2. 金融自由化对金融脆弱性的影响主要表现为(　　)。

A. 利率自由化与金融脆弱性　　B. 资本自由流动和金融脆弱性

C. 混业经营与金融脆弱性　　D. 金融创新和金融脆弱性

3. 金融风险产生的源头往往是利率风险,利率变化可能会带来(　　)。

A. 资本跨境流动　　B. 外汇汇率变化　　C. 资产价格变化　　D. 商品价格变化

4. 金融机构的特殊性决定了金融机构会面临(　　)。

A. 信用违约风险　　B. 市场风险　　C. 利率风险　　D. 流动性风险

5. 以下哪些选项属于金融危机理论(　　)。

A. 银行体系关键论　B. 货币危机理论　　C. 银行挤兑理论　　D. 国家债务理论

6. 风险分析有哪些具体方法(　　)。

A. 时间序列分析法　B. 风险逻辑法　　C. 风险清单法　　D. 主观概率法

7. 经济金融化的含义包括(　　)。

A. 金融资产占社会总资产的比重不断上升　B. 金融与经济逐步脱节和虚拟化的过程

C. 金融增长快于经济增长　　D. 金融对经济资源的配置作用力强

8. 金融对经济发展的推动作用主要通过(　　)实现。

A. 金融活动节约社会交易成本,促进社会交易的发展

B. 金融业的发展直接为经济发展作出贡献

C. 金融促进社会储蓄,并促进储蓄转化为投资

D. 金融活动为经济发展提供基础条件

9. 以下有关经济金融化的说法,正确的是(　　)。

A. 经济金融化提高了经济效率,促进了经济的发展

B. 经济金融化是一国(或地区)经济发展水平和金融发展进程最重要的标志

C. 经济金融化过程是经济与金融逐渐走向融合的过程,是经济与金融互动发展的过程

D. 经济金融化的差别既表明了经济发展水平的差异,也体现了金融效率的差异

10. 金融全球化的主要表现包括(　　)。

A. 金融市场全球化　B. 金融体制全球化　C. 金融监管全球化　D. 金融机构全球化

11. 麦金农和肖认为金融压制具有以下特征(　　)。

A. 货币化程度低

B. 政府对金融干预过度,限制了金融的正常发展

C. 金融市场落后

D. 金融工具品种少、数量小

12. 有关金融与经济基本关系的论述,正确的有(　　)。

A. 经济发展水平决定金融规模

B. 金融产生于经济活动,并发展于经济活动之中

C. 经济发展水平决定金融层次

D. 金融层次决定经济发展水平

13. 信用关系的发展程度可以从以下哪些方面考察(　　)?

A. 金融货币化程度　　B. 健全的社会信用体系

C. 银行网点数量　　D. 明确的信用价值观念和是非观念

14. 以下关于金融结构的分析指标与评价角度的说法正确的是(　　)。

A. 采用各种结构比率指标进行分析,是对金融结构进行定量分析和实证研究的基本方法,也是对金融结构进行静态描述和动态分析最重要的工具

B. 金融结构分析的一个主要方面就是研究组成总量的各个部分之间的数量比例关系,即通常采用的结构比率分析方法

C. 在定量的结构指标分析基础上,从金融功能强弱的角度来评价金融结构的合理性与优劣程度是比较科学的

D. 除了定量方法外,还应运用定性分析的方法,对金融结构的合理性和优劣程度作出评价

四、判断题

1. 金融机构的资产转换功能造成了资产和负债期限的不匹配,当利率变动时,资产负债

价值面临市场风险。 ( )

2. 债务的期限结构越短，债务资本比率越高，金融体系就越脆弱，金融危机发生的可能性就越大。 ( )

3. 系统性金融风险与金融危机之间没有什么不可逾越的鸿沟。 ( )

4. 资本市场的一级市场与现实生产过程有间接联系，市场上的交易型货币资本形成了与现实生产过程相脱离的独立运动形态。 ( )

5. 经济周期是社会总资本运动内在矛盾的体现，通过财政政策与货币政策调节总需求可以避免产生新的金融风险。 ( )

6. 金融危机管理中的货币政策主要是汇率政策。 ( )

7. 金融全球化是经济全球化的基础与背景，经济全球化是金融全球化的表现形式和发展阶段。 ( )

8. 评价金融机构及其发展程度理性的要素视角包括投融资功能、服务功能和风险管理功能等内容。 ( )

9. 信用关系的发展程度是形成一个国家或地区金融结构的基础性条件。 ( )

10. 当代金融创新是在特定经济背景下多种因素共同作用和影响的产物。 ( )

11. 经济货币化是指一国国民经济中用货币购买的商品和劳务占其全部产出比重的提高过程及趋势。 ( )

12. 金融发展的内涵包括总量增长和结构优化两个方面。 ( )

13. 经济全球化相继经历了贸易一体化、生产一体化和金融国际化三个既相互联系又层层推进的发展阶段。 ( )

14. 金融在整体经济发展中一直居于主导地位，它可以凌驾于经济发展之上。 ( )

15. 国际货币制度创新的其中一个重要表现是区域性货币一体化趋势，它与国际金融监管创新同属于金融组织结构创新。 ( )

16. 一般地，金融结构越趋于简单化，金融功能就越强，金融发展的水平也就越高。( )

17. 经济金融化与金融全球化推进了经济、金融相互融合，使金融高度发达，减少了金融的脆弱性。 ( )

18. 金融相关率（Financial Interrelations Ratio, FIR）是指一定时期内社会金融活动总量与经济活动总量的比值，金融活动总量一般用金融资产总额表示。 ( )

19. 生产一体化是指生产过程的全球化，是从生产要素的组合到产品销售的全球化。 ( )

20. 经济发展的商品化程度是形成金融结构的基础性条件，商品化是指所有产品中用于交换的比例。 ( )

21. 金融全球化增强了国家宏观经济政策的独立性和有效性。 ( )

五、简答题

1. 简述金本位制下国际收支的自动调节机制。
2. 试述国际收支的政策调节机制。
3. 国际货币制度包含哪些内容。
4. 简述国际金本位制的主要内容。
5. 简述对布雷顿森林体系的评价。
6. 国际资本流动的根本原因及其影响因素。
7. 国际资本流动对世界经济发展的影响。

第四部分　答案解析

一、名词解释

1. 金融风险:在金融活动中,由于多种因素的不确定性,导致行为人蒙受损失的可能性。

2. 金融创新:由经济、金融的发展而决定和引发的金融机构、金融业务、金融工具、金融市场及金融管制等金融领域中一系列具有创造性的变革和开发活动。

3. 金融监管:金融监管当局依据法律法规的要求和为满足社会公众利益的需要,运用政策和法律手段对各类金融机构和金融市场的所有经营活动进行监督管理的总和。

4. 系统性风险:会影响所有的金融变量,无法通过分散投资降低风险,因此也称为不可分散风险,如经济周期。

5. 非系统性风险:一般指与特定市场主体相关的风险,可以通过分散投资降低甚至消除风险,因此也称为可分散风险。

6. 流动性风险:对于金融机构而言,流动性风险指因其所持有的资产流动性差和对外融资能力降低而造成的损失或破产的可能性。

7. 信用风险:交易对手不能正常履行合约而造成损失的风险,也称为违约风险。

8. 市场风险:市场变量变动而带来的风险,或被定义为金融资产及其组合的价值对市场变量(风险因子)变化的敏感度。

9. 操作风险:金融机构因信息系统或内控机制失灵而造成意外损失的风险。

二、单选题

1-5　CBDBD　　6-10　BDDDA　　11-15　BACAD

16-20　ACACB　　21-25　CDBCC　　26-30　DCABB

三、多选题

1. AC	2. ABCD	3. ABCD	4. ABCD	5. ABCD
6. BC	7. ABCD	8. ABCD	9. ABCD	10. ACD
11. ABCD	12. ABC	13. BD	14. ABCD	

四、判断题

1-5　× √ √ × ×　　6-10　× × × √ √　　11-15　√ √ √ × ×
16-20　× × √ √ √　　21　×

五、简答题

1. 在金本位制下,国际收支的自动调节机制就是英国经济学家大卫·休谟所提示的“价格-铸币流动机制”。休谟认为,如果一国的国际收支持续发生逆差,其汇率会下跌至黄金输出点,导致黄金外流增加,但一国黄金不会源源不断地外流从而导致该国黄金枯竭,因为黄金外流使该国的货币供应量减少。根据货币数量论的观点,货币供应量减少,物价下降,致使该国商品的国际竞争力增强,于是会产生有利于出口、限制进口的效果,其结果是国际收支逐渐均衡。反之,一国的国际收支发生顺差,因黄金大量流入使本国货币供应量增加,物价水平上涨,削弱其产品的国际竞争力,出口减少,同时进口增加,结果是国际收支盈余逐渐减少,并向均衡点逼近。

2. 国际收支的政策调节机制主要如下。

(1)财政和货币政策。当一国出现国际收支逆差时,金融监管当局可以采取紧缩性财政政策或紧缩性货币政策来抑制总需求,达到减少进口、增加出口的目的,从而使国际收支恢复平衡。反之,当一国出现国际收支顺差时,可采用扩张性财政政策或扩张性货币政策进行调节。

(2)外汇缓冲政策。一国政府运用官方储备的变动或通过临时向外借款来抵消超额外汇需求或供给。该政策简单易行,但仅适用于解决国际收支短期性失衡。

(3)汇率政策。汇率政策指一国运用汇率的变动来消除国际收支赤字。当一国出现国际收支逆差时,金融监管当局通过货币贬值来增强出口商品的国际竞争力,同时削弱进口商品的竞争力,从而改善本国的国际收支。反之,当一国出现国际收支顺差时,金融监管当局则通过货币升值来促使国际收支平衡。

(4)直接管制政策。直接管制政策是指政府直接干预对外经济交易以实现国际收支均衡,包括贸易管制、外汇管制和财政管制。直接管制对国际收支的调整见效快,使用灵活,可针对不同项目区别对待。但直接管制政策不能从根本上解决国际收支失衡问题,且容易引起贸易伙伴国的报复。

3. 国际货币制度的内容如下。

(1)国际收支及其调节机制。

(2)汇率及汇率制度。

(3)国际货币或储备资产的确定。

(4)国际货币活动的协调与管理。

4. 国际金本位的主要内容有:①黄金是国际货币体系的基础;②黄金可以自由输出和输入;③一国的金铸币同另一国的金铸币或代表金币流通的其他金属(比如银)铸币或银行券可以自由兑换;④在金币流通的国家内,金币还可以自由铸造。

5. 布雷顿森林体系建立后,美元等同黄金,作为黄金的补充源源不断地流向世界,在一定程度上弥补了当时普遍存在的清偿能力和支付手段的不足,因而有利于推进外汇管制的放松和贸易的自由化,并对国际资本流动和国际金融一体化起到了积极的推动作用。布雷顿森林体系促进了第二次世界大战后经济的恢复和发展,促进了国际贸易的发展和多边支付体系、多边贸易体系的建立和发展,是符合当时世界经济形势的。布雷顿森林体系的建立虽然发挥了其积极作用,但也存在缺陷。双挂钩的货币体系,使美元处于一种两难的境地:为满足世界经济增长和国际贸易发展的需要,美元的供应量必须不断地增长;美元供应量的不断增长,使美元同黄金的兑换性逐渐难以维持。这种"先天性缺陷"使得布雷顿森林体系难逃瓦解的命运。另外,过分强调汇率的稳定,这种僵化的汇率调整机制,使各国不能利用汇率的变动来达到调整国际收支平衡的目的,而只能消极地实行管制措施或有损于国内经济目标实现的经济政策。

6. 影响国际资本流动的因素如下。

(1)利率水平。利率水平直接影响资本的收益率,从而导致国际资本从利率较低的国家或地区向利率较高的国家或地区流动。因此,利率是导致国际资本流动的基本因素之一。

(2)汇率预期。对未来汇率升跌的预测是导致国际资本流动,尤其是短期资本流动的主要因素之一。当资本持有者预测某种货币的汇率是下浮趋势时,其显然会将所持有的货币资产转换成另一种货币资产存放于国外,使资本从汇率不稳的货币,向汇率稳定的货币流动,从而促使资本的国际流动。

(3)通货膨胀率差异。一般而言,通货膨胀相对严重的国家或地区,其居民为避免他们的资产因通货膨胀而贬值,通常将国内资产转换为外国债权,以减少通货膨胀带来的损失。因此,通货膨胀差异也是导致国际资本流动的因素之一。

(4)技术水平。许多国家的投资者在国外开展投资经营活动的目的是获取那里的技术和管理技能,这主要指发达国家之间的相互渗透和作用。

(5)投资环境。①政治和社会文化因素:政局稳定性,政策是否具有连续性;法律制度的完备性,有关投资的法律、法规及条例是否健全和完善;消费水平、传统文化、社会价值观和民族习俗等诸方面的差异性等。②经济因素:经济发展水平及吸纳资本的容量和潜力,基础设施是否完善,金融市场条件状况,对外资的政策和措施等。③风险因素:主要是经济风险和政府风险程度。一旦资本持有者感到某国或地区的投资环境不理想,如政局不稳定、市场容量有限、投资安全系数不高，资本持有者就会将资本从该国或地区转移到其他国家或地区。

7. 国际资本流动对世界经济发展既有正面的影响也有负面的影响。

对世界经济增长和稳定具有明显的正效应，体现在四个方面。①国际资本流动在一定程度上打破了国与国之间的界限，使资本得以在全球范围内进行有效配置，所以有利于世界总产出的提高和经济福利的增加。②国际资本流动的具体表现形式，包括各种投资和贷款，会使国际支付能力有效地在国际自由转移，这有助于国际贸易的顺利进行和国际收支的全球性平衡。③国际资本流动，特别是国际直接投资，可以有效促进技术、管理、信息在全球范围的转移和应用，从而使科技、管理、信息等资源真正成为人类的共同财富。④国际间接投资，主要是证券投资及其衍生品的广泛使用，促成了金融资产和金融市场的多元化，从而更好地分散了投资风险，这对全球投资效率的提高，无疑具有一定的积极作用。

负面效应主要有以下三方面。①由于国际资本中有相当大的部分属于“国际游资”的范畴，具有短期过度投机的特征，因而数额庞大的短期国际游资的聚集和投机行为，必定会加剧世界各国的汇率波动，甚至会成为全球性金融危机的直接推动者。②国际资本流动的加速，使世界上大多数国家或地区的经济金融政策的独立性受到挑战。特别是在固定汇率制度和有限浮动汇率制度下，国际资本的自由流动使一国难以完全按照自己的意愿来确定利率政策或其他经济政策，进而无法实现其既定的经济目标，造成经济运行和币值的不稳定。③国际资本流动实际是各国经济波动的传递者，尤其是对发达国家而言，其经济的不稳定或波动，必然会传递给发展中国家。当然，发展中国家之间，特别是由发展中国家构成的区域经贸集团内部，也存在因国际资本流动所产生的经济波动和金融风险相互传递的问题。